ハマリスイッチで

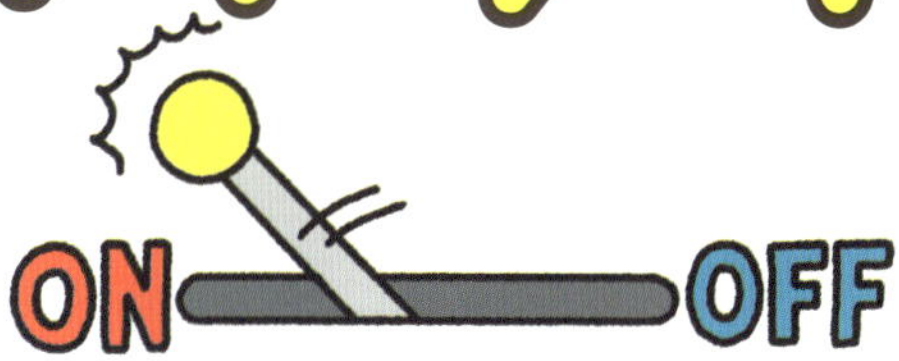

勉強が好きになる

脳科学者
篠原菊紀

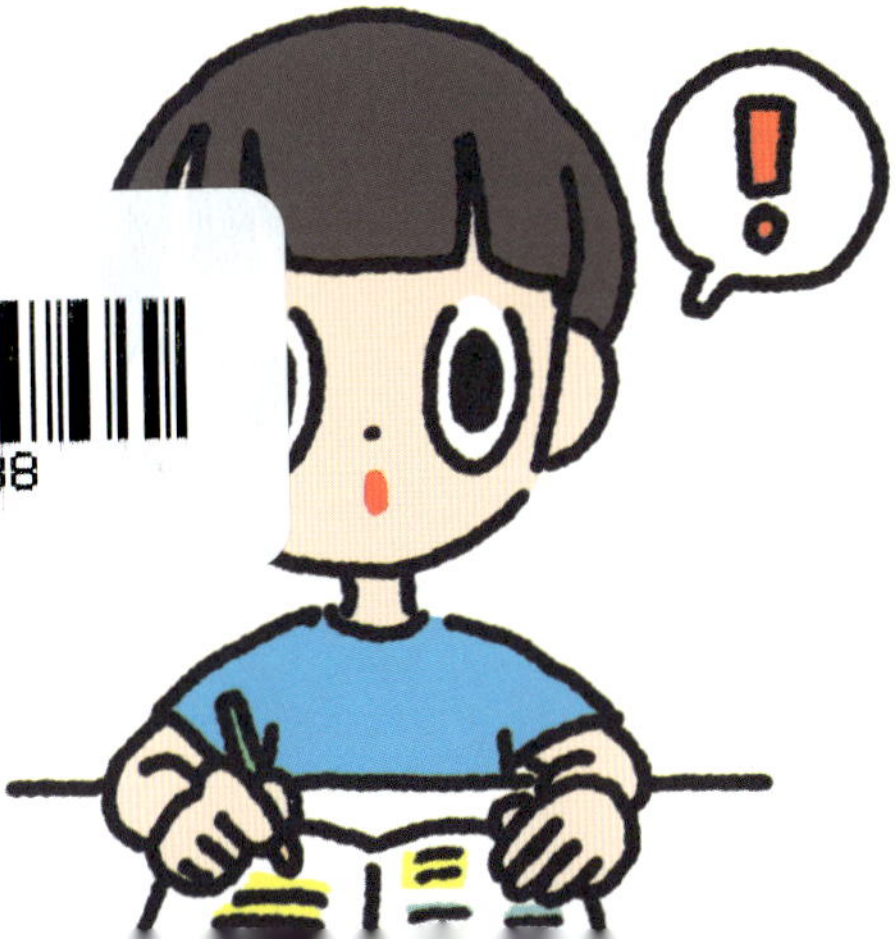

高橋書店

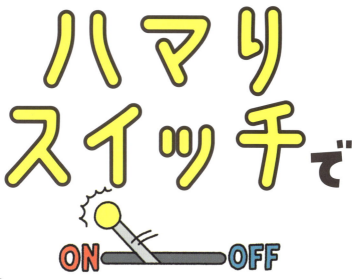

はじめに

この本《ほん》を手《て》にとったあなたは、すばらしい。

この本《ほん》を手《て》にとったということは、あなたが努力《どりょく》しようとしている証《あかし》ですし、そのために行動《こうどう》を起《お》こそうとしている証拠《しょうこ》だからです。

とはいえ、この本《ほん》を手《て》にとったということは、解決《かいけつ》したい問題《もんだい》がまだある証拠《しょうこ》でもあります。勉強《べんきょう》をなかなかはじめられない、はじめてもつづかない、もっとうまくやる方法《ほうほう》はないか。そう思《おも》ったから、この本《ほん》を手《て》にとったのでしょう。


もし、あなたが勉強《べんきょう》をはじめて、5分《ふん》もすればイヤになり、10分《ぷん》もすればやめてしまうなら、どうして8分《ぷん》はつづけられたのか、どうして9分《ふん》ではやめなかったのか、自分《じぶん》に聞《き》いてみてください。

「そんなところでやめたらダメだから」。

「そのあたりまではおもしろかったから」。

あなたには勉強《べんきょう》をつづける力《ちから》がすでにあるのです。その力《ちから》が、20分《ぷん》、30分《ぷん》、1時間《じかん》、2時間《じかん》、3時間《じかん》と勉強《べんきょう》をつづけていく力《ちから》のもとになります。


この本《ほん》には、あなたの力《ちから》をさらに強《つよ》めるヒントがたくさんのっています。パラパラとページをめくって、気《き》になったところから読《よ》んでいってください。そこに、あなたがあなたの脳《のう》をうまいこと使《つか》うためのヒントがあります。

篠原菊紀《しのはらきくのり》

ハマりスイッチでやる気《き》オン！

つかれてしまってやる気《き》が出《で》ない、テレビ番組《ばんぐみ》やスマホが気《き》になってなかなか動《うご》けない、なんてことはありませんか？　とくに勉強《べんきょう》となると、やる気《き》を出《だ》すのはむずかしいですよね。

でもじつは、やる気《き》は脳《のう》の力《ちから》でつくり出《だ》すことができるのです。

やる気《き》を引《ひ》き出《だ》すための行動《こうどう》や言葉《ことば》が「**ハマりスイッチ**」です。「声《こえ》に出《だ》して耳《みみ》で聞《き》いておぼえる」「スタートの儀式《ぎしき》を決《き》める」など、学校《がっこう》でも家《いえ》でもかんたんにできることばかり。信《しん》じられないかもしれませんが、これでやる気《き》がつくられます。

やる気《き》には、大脳《だいのう》の中《なか》にある「線条体《せんじょうたい》」という部分《ぶぶん》がかかわっています。線条体《せんじょうたい》が「これをやると楽《たの》しい！」と思《おも》うと、苦手《にがて》なことでもみるみるやる気《き》が出《で》てくるようになるのです。「**ハマリスイッチ**」は、線条体《せんじょうたい》に楽《たの》しいと思《おも》わせる魔法《まほう》のようなものです。

「勉強《べんきょう》しなきゃ…」としぶしぶはじめるよりも、いろいろな「**ハマリスイッチ**」を楽《たの》しみながらためしてみてください。

脳《のう》科《か》学《がく》ってなに？

ふだんは考《かんが》えたこともないと思《おも》いますが、私《わたし》たちが体《からだ》を動《うご》かせるのにも、いろいろな気《き》持《も》ちになったりするのにも、全《ぜん》部《ぶ》脳《のう》がかかわります。

遊《あそ》んでいるときに、走《はし》ったりジャンプしたりできるのは、脳《のう》が体《からだ》に「動《うご》いて！」と命《めい》令《れい》を出《だ》しているから。「楽《たの》しい」と思《おも》うのも、脳《のう》が「これは楽《たの》しいことだよ！」と教《おし》えてくれているからなのです。

そんな脳《のう》のしくみやはたらきを研《けん》究《きゅう》するのが脳《のう》科《か》学《がく》です。さまざまな研《けん》究《きゅう》によって、どうしてその気《き》持《も》ちになるのか、どうしてその行《こう》動《どう》をするのかが、わかってきました。

脳《のう》科《か》学《がく》をうまく使《つか》えば、このすごい脳《のう》の力《ちから》をもっと引《ひ》き出《だ》すことができるのです。

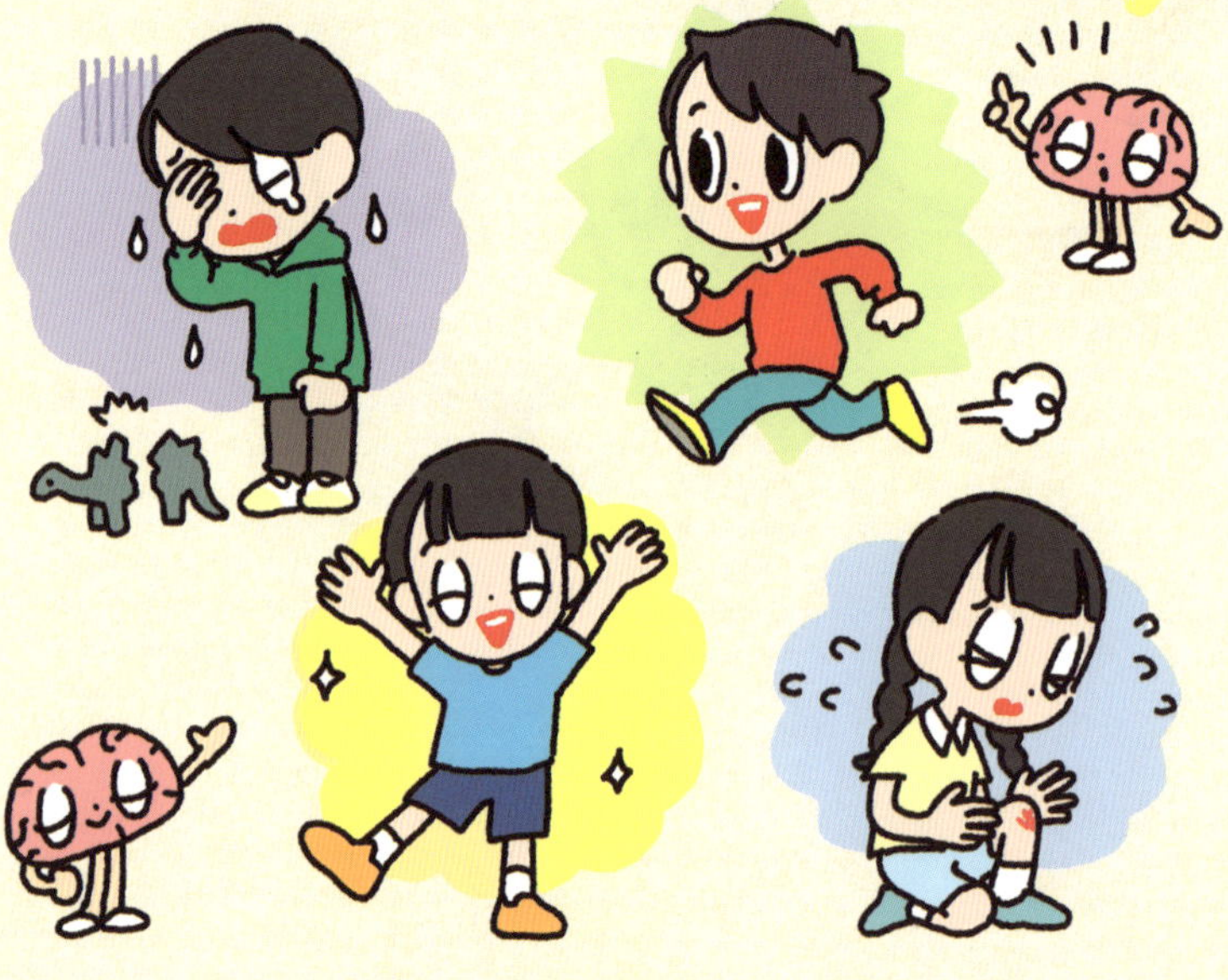

脳《のう》のしくみ

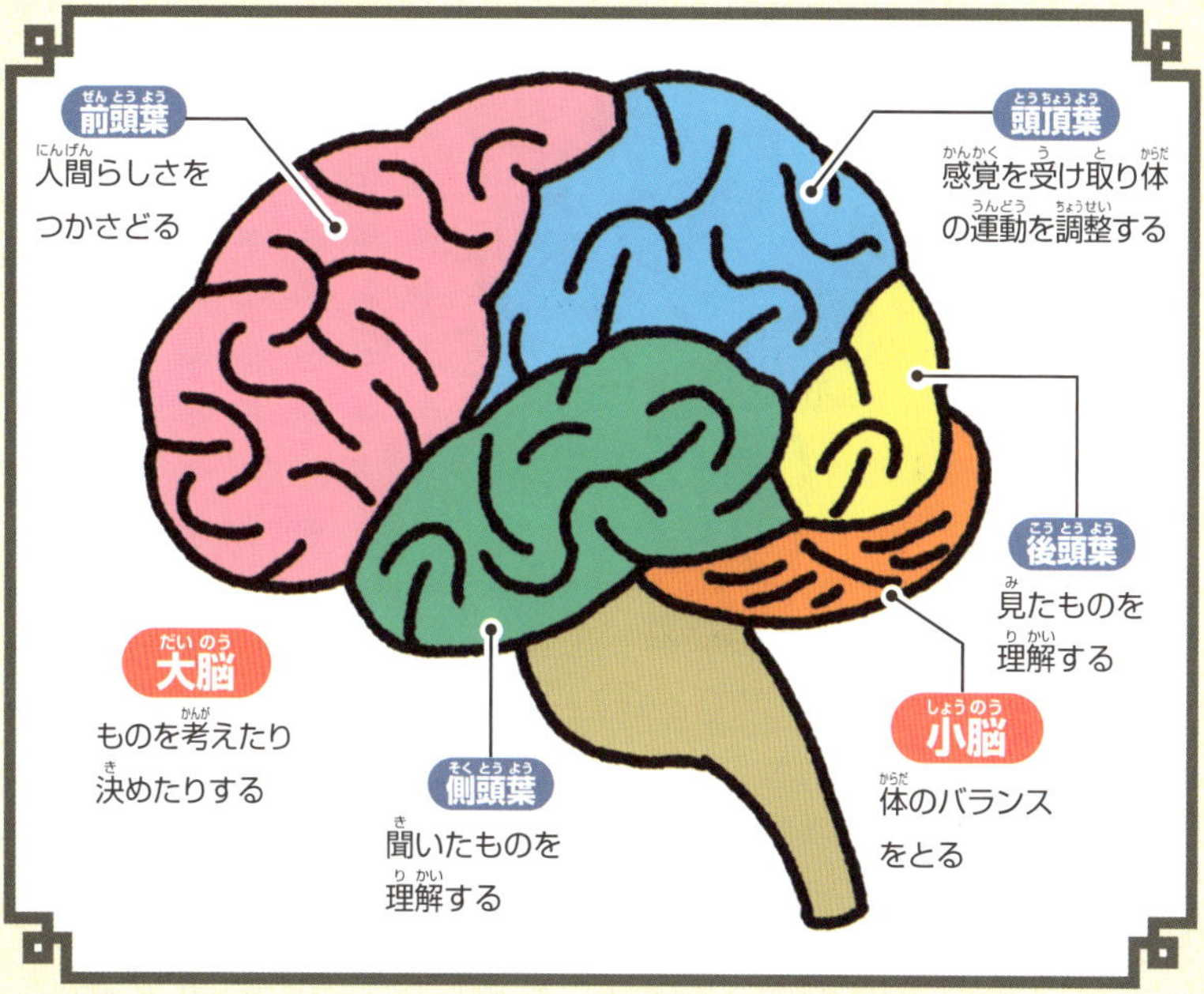

脳《のう》は、私《わたし》たちの心《こころ》と体《からだ》を動《うご》かす「司令塔《しれいとう》」です。脳《のう》が気持《きも》ちや行動《こうどう》をコントロールしているのです。たくさんのことをするために、部分《ぶぶん》ごとにどんなはたらきをするかが決《き》まっています。

脳《のう》が気持《きも》ちをつくり出《だ》し体《からだ》を動《うご》かしている!!

脳《のう》のメモ帳《ちょう》を使《つか》いこなそう

脳《のう》の機能《きのう》のひとつに「ワーキングメモリ」というものがあります。ワーキングメモリは、ある作業《さぎょう》をしながら別《べつ》のことをおぼえておく、「脳《のう》のメモ帳《ちょう》」のようなものです。

たとえば、35＋58を計算《けいさん》するとき、

①30＋50＝80
②80をおぼえておく
③5＋8＝13
④おぼえておいた80と13を思《おも》い出《だ》す
⑤80＋13＝93

と、頭《あたま》の中《なか》で考《かんが》えるとします。計算《けいさん》をしながら、②で途中《とちゅう》経過《けいか》をおぼえておくこと、④でおぼえておいた情報《じょうほう》を思《おも》い出《だ》して使《つか》うことが、ワーキングメモリのはたらきです。

このワーキングメモリは、きたえて強《つよ》くすることもでき、勉強《べんきょう》だけでなく日常生活《にちじょうせいかつ》にも役立《やくだ》ちます。

ワーキングメモリチェック☑

実際《じっさい》にワーキングメモリを使《つか》ってみましょう。下《した》の図《ず》を見《み》て、文字《もじ》が何《なに》色《いろ》で書《か》いてあるかを、声《こえ》に出《だ》して答《こた》えてください。「あお」は黒色《くろいろ》なので「くろ」、「あか」は青色《あおいろ》なので「あお」と読《よ》みます。

赤	あか	青	きいろ	あお
あお	くろ	黒	赤	あか
あか	黒	きいろ	あお	くろ

Point

脳《のう》にとって文字《もじ》はとても強《つよ》い情報《じょうほう》なので、つい文字《もじ》を読《よ》んでしまうのはあたりまえのことです。「文字《もじ》は読《よ》まず色《いろ》で答《こた》える」ことをしっかりと脳《のう》にメモをして、くりかえしてみましょう。ワーキングメモリがきたえられて、きちんと答《こた》えられるようになります。

もくじ

ハマりスイッチで 勉強が好きになる

ジュ

集中力《しゅうちゅうりょく》
UP!
サッ

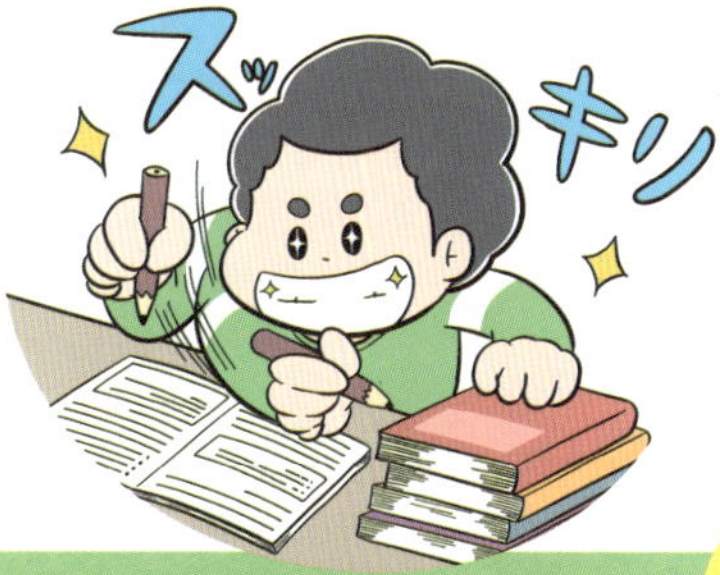

スッキリ

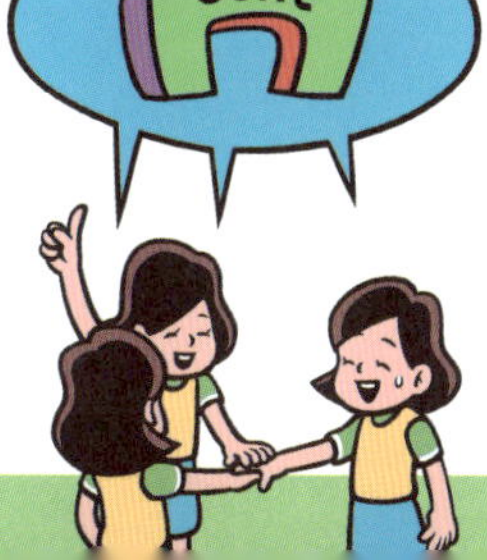

GOAL

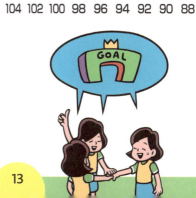

編集・制作　株式会社アルバ
執筆協力　木村悦子
イラスト・マンガ　伊藤ハムスター、クリハラタカシ、徳永明子、深蔵、まつむらあきひろ
デザイン・DTP　田島望美、井林真紀（チャダル108）
校正　新山耕作

1章《しょう》

学《がっ》校《こう》で
勉《べん》強《きょう》ハマりスイッチ

好《す》きなことと同《おな》じように勉強《べんきょう》にハマる!?

みんな！
勉強《べんきょう》にハマってるかな!?
脳《のう》にとてもくわしい
キクノリ先生《せんせい》
ハマってない？
それなら…
「ハマりスイッチ」を
使《つか》うんだ!!
脳《のう》が勉強《べんきょう》したくてたまらなくなるスイッチのことで…
スイッチを入《い》れたら、大好《だいす》きなサッカーやピアノみたいに勉強《べんきょう》に取《と》り組《く》めるようになるぞ！
ガタ
そんなのあるの!?
これから紹介《しょうかい》する「ハマりスイッチ」でやる気《き》をつくり出《だ》そう

学校《がっこう》で　勉強《べんきょう》ハマりスイッチ 1

自分《じぶん》なりのノートをとろう

Point

先生《せんせい》の話《はなし》をよく聞《き》いて自分《じぶん》なりに考《かんが》えてノートをとると、脳《のう》もよくはたらく。

　黒板《こくばん》の文字《もじ》をうつすのにせいいっぱいで、「先《せん》生《せい》、なんて言《い》ったっけ？」とわすれてしまったことはありませんか？　じつはノートのとり方《かた》を変《か》えるだけで、先生《せんせい》の話《はなし》がみるみる頭《あたま》に入《はい》ってくるようになるのです。

　そのコツは、そのままノートに書《か》きうつすのではなく考《かんが》えながら書《か》くこと。**先生《せんせい》の話《はなし》をどうやってノートにまとめるかを考《かんが》えると、自分《じぶん》なりに理《り》解《かい》することができて、わすれにくくなります。**書《か》くときに先生《せんせい》の話《はなし》を何度《なんど》も頭《あたま》の中《なか》でくりかえすので、脳《のう》がとてもよくはたらくのです。

　ていねいに読《よ》みやすい字《じ》で書《か》いたり、大事《だいじ》なところに線《せん》を引《ひ》いたりして、パッと見《み》てわかるようなノートにすることを心《こころ》がけると、さらに理解《りかい》が深《ふか》まるはずです。あとから自分《じぶん》が見返《みかえ》したときに、わかりやすいノートをつくりましょう。

これでハマる！

ある実験《じっけん》でも、考《かんが》えてノートをとると脳《のう》が活発《かっぱつ》になることがわかっている。

学校《がっこう》で　勉強《べんきょう》ハマりスイッチ 2

「おもしろい」「なるほど」と感動《かんどう》しよう

Point

脳《のう》は感動《かんどう》のない記憶《きおく》が苦手《にがて》。心《こころ》が動《うご》くとおぼえやすい。

好《す》きなマンガのシーンやおいしいごはんのことは、はっきり鮮明《せんめい》におぼえていませんか？　それは、そのときあなたが「感動《かんどう》」していたからです。感動《かんどう》とは心《こころ》がよく動《うご》くこと。心《こころ》が動《うご》くと脳《のう》がはたらき、なにも感《かん》じずにいるときよりも、よくおぼえることができるのです。

この感動《かんどう》は、自分《じぶん》でつくることができます。勉強中《べんきょうちゅう》に「おもしろい」「なるほど」と口《くち》に出《だ》して言《い》ってみましょう。最初《さいしょ》はそう思《おも》っていなくても、なんだか勉強《べんきょう》が楽《たの》しくなってくるはずです。**口《くち》に出《だ》すだけで脳《のう》が「今《いま》やっていることはおもしろい！」と思《おも》いこみ、感動《かんどう》したときと同《おな》じような脳《のう》のはたらきをするからです。**

授業中《じゅぎょうちゅう》で声《こえ》に出《だ》すのがむずかしければ、心《こころ》の中《なか》でとなえるだけでもだいじょうぶです。家《いえ》では大《おお》きな声《こえ》でためしてみましょう。

これでハマる！

特別《とくべつ》好《す》きなことや、すごくきらいなことをよくおぼえているのも、感動《かんどう》の力《ちから》。

学校《がっこう》で　勉強《べんきょう》ハマりスイッチ 3

目《め》でおぼえようとすると記憶《きおく》に残《のこ》る

Point

言葉《ことば》だとわかりづらくても、目《め》で見《み》るとわかりやすく記《き》憶《おく》しやすい。

目《め》をつぶって思《おも》いうかべてみてください。今日《きょう》最初《さいしょ》にすれちがった人《ひと》は何色《なにいろ》の服《ふく》を着《き》ていましたか？　自分《じぶん》の席《せき》から先生《せんせい》の机《つくえ》はどれくらいはなれたところにありますか？

じつは、脳《のう》の7割《わり》は目《め》から入《はい》ってくる情報《じょうほう》を整《せい》理《り》するのに使《つか》われているといわれています。**目《め》で見《み》た情報《じょうほう》は脳《のう》にとってはおぼえやすく、理解《りかい》しやすいのです。**このように、目《め》で見《み》たことをおぼえておくための脳《のう》のはたらきを「視空間《しくうかん》スケッチパッド」といいます。本《ほん》を読《よ》んでいてすぐにイメージが頭《あたま》に思《おも》いうかぶ人《ひと》は、この「視空間《しくうかん》スケッチパッド」の力《ちから》が強《つよ》いといえるでしょう。

勉強《べんきょう》したことをまとめるときは、この力《ちから》を利用《りよう》して、イラストや表《ひょう》を使《つか》うのがおすすめです。ひと目《め》でわかるようにくふうすると、記憶《きおく》に残《のこ》りやすくなります。

これでハマる！

「視空間《しくうかん》スケッチパッド」は、6ページで解説《かいせつ》しているワーキングメモリのひとつ。

学校《がっこう》で　勉強《べんきょう》ハマリスイッチ 4

声《こえ》に出《だ》して、耳《みみ》で聞《き》いておぼえよう

Point
脳《のう》にインパクトをあたえるような言葉《ことば》は、記憶《きおく》もされやすい。

「暗中模索《あんちゅうもさく》」という言葉《ことば》をおぼえるとき、ただ目《め》で読《よ》むだけでなく、「あんちゅうもさく」と声《こえ》に出《だ》すと、頭《あたま》にスーっと入ってきます。これが音《おん》読《どく》パワーです。授業《じゅぎょう》で音読《おんどく》したお話《はなし》は、ひとりで静《しず》かに読《よ》み終《お》えたお話《はなし》より、しっかりおぼえていますよね。**声《こえ》に出《だ》さずに教科書《きょうかしょ》やノートを読《よ》むときは目《め》しか使《つか》いませんが、音読《おんどく》すると目《め》も耳《みみ》も口《くち》も使《つか》うので、脳《のう》のいろいろな部分《ぶぶん》がはたらきます。**だから脳《のう》が活発《かっぱつ》になり、声《こえ》に出《だ》さずに読《よ》むよりもおぼえやすくなるのです。

さらに、「あ〜ん〜ちゅ〜う〜も〜さ〜く〜！」など、バカバカしく読《よ》むのもおすすめです。耳《みみ》から自分《じぶん》の声《こえ》が聞《き》こえ、それがおもしろいと、脳《のう》がびっくりして「おぼえなきゃ！」と気《き》をつけるようになるからです。

これでハマる！

「暗中模索《あんちゅうもさく》」とは、先《さき》のわからない状態《じょうたい》でいろいろなことをためしてみること。

学校《がっこう》で　勉強《べんきょう》ハマりスイッチ 5

「勉強《べんきょう》が好《す》き！」ととなえてスキスキ回路《かいろ》をつなげよう

Point

イヤと思《おも》うと「イヤイヤ回路《かいろ》」がつながってしまう。好《す》きを集《あつ》めたらいつのまにかやる気《き》が出《で》る。

苦手《にがて》な科目《かもく》が楽《たの》しくなる「スキスキ回路《かいろ》」という魔法《まほう》があります。脳《のう》が「好《す》き」と感《かん》じることで、自然《しぜん》とやる気《き》が出《で》るのです。

やる気《き》のヒミツは、脳《のう》の中《なか》で生《う》まれる「ドーパミン」という物質《ぶっしつ》。**ドーパミンがうれしい気持《きも》ちや幸《しあわ》せな気持《きも》ちにします。**このドーパミンを出《だ》すために、脳《のう》をわくわくさせましょう。

もし算数《さんすう》がきらいなら、教科書《きょうかしょ》をひらく前《まえ》に「算数《さんすう》が好《す》き！」と声《こえ》に出《だ》してみてください。脳《のう》は「算数《さんすう》って楽《たの》しいかも」と思《おも》いこみ、みるみるやる気《き》が出《で》てきます。

ほかにも、使《つか》っている文房具《ぶんぼうぐ》が好《す》き、教科書《きょうかしょ》にのっているキャラクターが好《す》き、のような小《ちい》さな「好《す》き」を集《あつ》めてみましょう。苦手《にがて》な教科《きょうか》が、いつのまにか本当《ほんとう》に好《す》きに思《おも》えてくるかもしれません。

これでハマる！

ドーパミンを出《だ》して、ポジティブな気持《きも》ちを育《そだ》てよう！

学校《がっこう》で　勉強《べんきょう》ハマりスイッチ 6

自《じ》分《ぶん》におきかえておぼえよう

Point

実際《じっさい》にその場面《ばめん》にいるような気《き》持《も》ちで想像《そうぞう》してみよう。

遠《とお》い場所《ばしょ》でのできごとや過去《かこ》の話《はなし》など、自分《じぶん》に直接関係《ちょくせつかんけい》ないことをおぼえるのってむずかしいですよね。でも、こんないい方法《ほうほう》があります。それは、頭《あたま》の中《なか》で自分《じぶん》がその人《ひと》になったり、できごとを体験《たいけん》したりしてみることです。

たとえば、戦国武将《せんごくぶしょう》の織田信長《おだのぶなが》について勉強《べんきょう》するとします。そのときに、「戦国時代《せんごくじだい》に織田信長《おだのぶなが》や徳川家康《とくがわいえやす》が活躍《かつやく》した」と文字《もじ》でおぼえるのではなく、自分《じぶん》がその時代《じだい》にいると思《おも》って、よろいやかぶとを身《み》につけて織田信長《おだのぶなが》や徳川家康《とくがわいえやす》と戦《たたか》っている姿《すがた》を想像《そうぞう》するのです。

そうすると、本当《ほんとう》にそのできごとを体験《たいけん》したかのように感《かん》じられ、自分《じぶん》のことのようにおぼえられます。これを「エピソード記憶《きおく》」といいます。想像《そうぞう》であっても、自分《じぶん》で体験《たいけん》したように感《かん》じられれば、わすれにくくなるのです。

これでハマる！

「エピソード記憶《きおく》」を活用《かつよう》して、自分《じぶん》の体験《たいけん》のようにおぼえよう！

学校《がっこう》で　勉強《べんきょう》ハマりスイッチ 7

心《こころ》をこめて勉強《べんきょう》しよう

Point

いいかげんにやらずに心《こころ》をこめると、脳《のう》が動《うご》いて、身《み》につきやすい。

漢字《かんじ》の書《か》き取《と》りをしたり、計算問題《けいさんもんだい》を解《と》いたりするとき、心《こころ》をこめていますか？　今《いま》までなにも考《かんが》えずにやっていたのなら、もったいないことをしていたかもしれません。「心《こころ》をこめてもこめなくても同《おな》じじゃないの？」と思《おも》うかもしれませんが、なんと、心《こころ》をこめたときのほうが、脳《のう》がよく動《うご》くことがわかっているのです。

たいせつな人《ひと》に手紙《てがみ》を書《か》いたり、大好《だいす》きな歌《うた》を歌《うた》ったりするときは、深《ふか》い愛情《あいじょう》や感謝《かんしゃ》の気持《きも》ちをこめますよね。授業中《じゅぎょうちゅう》や問題《もんだい》を解《と》くときにも、そんなふうに心《こころ》をこめて考《かんが》えてみましょう。**感動《かんどう》しているときに脳《のう》がよくはたらくのと同《おな》じで、脳《のう》がわくわくして、だんだんむずかしいこともできるようになっていきます。**

これでハマる！

どんなことでも心《こころ》をこめて取《と》り組《く》めば、しっかり記憶《きおく》に残《のこ》る！

学校《がっこう》で　勉強《べんきょう》ハマりスイッチ 8

「ひっかかり」をつくるとおぼえやすい

Point
語呂合《ごろあ》わせも「ひっかかり」を使《つか》った勉強《べんきょう》法《ほう》のひとつ。

授業中《じゅぎょうちゅう》に必死《ひっし》におぼえても、家《いえ》に帰《かえ》ったらサッパリ…。**そんな人《ひと》は、「まとまり」や「かたまり」をつくっておぼえるのがおすすめです。**たとえば、「1976598」という数字《すうじ》なら、「197」「6598」という小《ちい》さなまとまりにわけると、脳《のう》がサクサクおぼえてくれます。

ほかにも、夏《なつ》の夜空《よぞら》にうかぶ「夏《なつ》の大三角《だいさんかく》」の星《ほし》の名前《なまえ》をおぼえたいとき、こと座《ざ》のベガ、わし座《ざ》のアルタイル、はくちょう座《ざ》のデネブ、とそれぞれおぼえるよりも、「ワシがアルいていたら、デかいハクチョウがやってきて、コトしも大変《たいへん》だべガ」のように、語呂合《ごろあ》わせで「ひっかかり」をつくるとかんたんにおぼえられます。

ちょっとおぼえにくいことも、関連《かんれん》するものとセットにしたり、ひっかかりをつくったりすると思《おも》い出《だ》しやすくなるというわけです。

これでハマる！
記憶《きおく》はどんどんつながっていくもの。「ひっかかり」をつくってつなげていこう！

学校《がっこう》で 勉強《べんきょう》ハマりスイッチ 9

言葉《ことば》の力《ちから》で自分《じぶん》に暗示《あんじ》をかけよう

Point

実際《じっさい》に言葉《ことば》に出《だ》して言《い》うのは、ただ考《かんが》えるだけよりも脳《のう》を刺激《しげき》する。

「明日《あした》は6時半《じはん》に起《お》きる！」と口《くち》にしたら、ぴったり6時半《じはん》に起《お》きられた、なんて経験《けいけん》をした人《ひと》がいるかもしれません。これにはちゃんと科学的《かがくてき》な理由《りゆう》があります。**脳《のう》の中《なか》の言葉《ことば》をあつかう部分《ぶぶん》を使《つか》うと、特別《とくべつ》な細胞《さいぼう》が活性化《かっせいか》されて、気持《きも》ちや行動《こうどう》をコントロールしやすくなるのです。**

だから、勉強《べんきょう》やテストの前《まえ》には、自分《じぶん》のやる気《き》を引《ひ》き出《だ》すような言葉《ことば》を言《い》ってみましょう。「よーし、頭脳《ずのう》バトルだ！」「今《いま》からやるぞ！」など前向《まえむ》きな言葉《ことば》だと、脳《のう》も気合《きあ》いが入《はい》ってぐんぐんやる気《き》が出《で》てきます。

言葉《ことば》と脳《のう》はつながっていて、口《くち》に出《だ》したことが本当《ほんとう》になるようなふしぎなことが起《お》こるのです。ふだんから自分《じぶん》が楽《たの》しくなれる言葉《ことば》を使《つか》うようにするといいですね。

これでハマる！

昔《むかし》の日本《にほん》では、言葉《ことば》にはたましいが宿《やど》っていると信《しん》じられていた。

学校《がっこう》で　勉強《べんきょう》ハマりスイッチ 10

紙《かみ》に書《か》き出《だ》せば　もうまちがえない

Point

紙《かみ》やノートに書《か》いておけば、失敗《しっぱい》の原因《げんいん》にもすぐ気《き》づける。

つい宿題《しゅくだい》をわすれてしまったり、同《おな》じ問題《もんだい》を何《なん》度《ど》もまちがえたりすることってありますよね。そんなときは、人《ひと》に話《はな》したり、紙《かみ》やノートに書《か》き出《だ》したりするのがおすすめです。おちついて考《かんが》えることができ、「ここがダメだったんだ」と気《き》づきやすくなります。

宿題《しゅくだい》やテストでまちがえたことをノートに書《か》いてみましょう。「いつ」「どこで」「なにを」「どうして」まちがえたのか、具体的《ぐたいてき》に書《か》きます。そして、つぎはどうすればまちがえないかを考《かんが》えます。

これをつづけると、頭《あたま》の中《なか》に「まちがいやっつけシステム」ができて、まちがえないように行動《こうどう》するようになります。そうすると、いつのまにか同《おな》じ失敗《しっぱい》をくりかえさなくなるのです。

これでハマる！

人《ひと》に話《はな》したり書《か》き出《だ》したり、外《そと》に出《だ》して整理《せいり》することが大事《だいじ》！

学校《がっこう》で　勉強《べんきょう》ハマりスイッチ 11

体《からだ》を使《つか》って脳《のう》のメモ帳《ちょう》をレベルアップさせよう

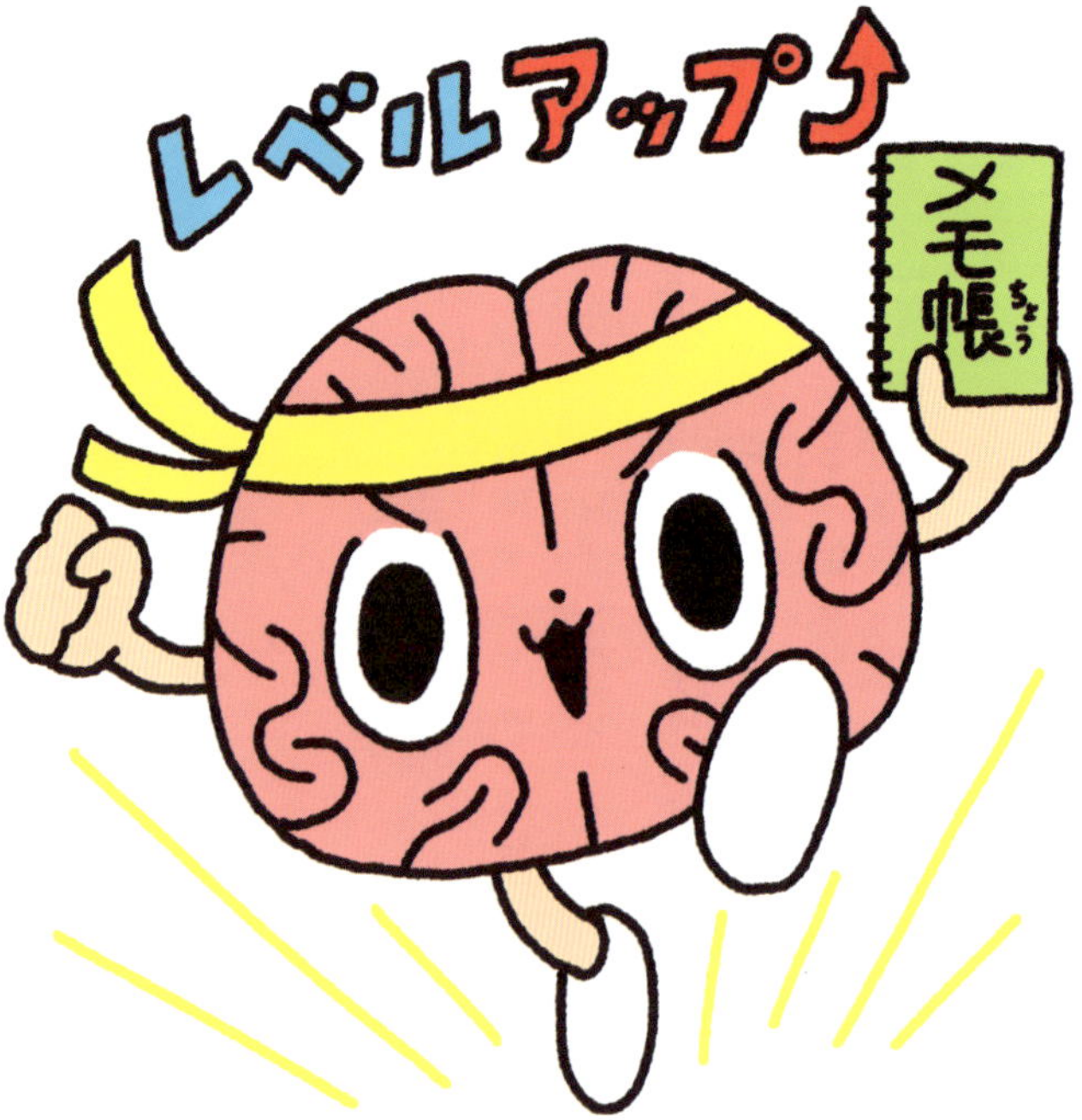

鼻耳《はなみみ》チェンジ

1. 右手《みぎて》で鼻《はな》を、左手《ひだりて》で右耳《みぎみみ》をつかむ。
2. 左手《ひだりて》で鼻《はな》を、右手《みぎて》で左耳《ひだりみみ》をつかむ。
3. ❶と❷をくりかえす。

勉強《べんきょう》する気《き》が起《お》きないときは、体《からだ》を使《つか》うトレーニングをしましょう。**頭《あたま》を使《つか》いながら体《からだ》を動《うご》かすと、脳《のう》のメモ帳《ちょう》である「ワーキングメモリ」がきたえられるのです。**右手《みぎて》と左手《ひだりて》でちがう動《うご》きをしたり、いろいろな動《うご》きを組《く》み合《あ》わせたりすると、脳《のう》がよく刺激《しげき》されます。

おすすめは、「鼻耳《はなみみ》チェンジ」です。

①右手《みぎて》で鼻《はな》をつまみ、左手《ひだりて》で右耳《みぎみみ》をつかむ。

②左手《ひだりて》で鼻《はな》をつまみ、右手《みぎて》で左耳《ひだりみみ》をつかむ。

③これをくりかえす。

なれてきたら、①と②の動《うご》きの間《あいだ》で手《て》をパチンとたたき、リズムよくくりかえします。

脳《のう》のメモ帳《ちょう》をきたえるゲームはほかにもあるので、つぎのページで紹介《しょうかい》します。楽《たの》しく体《からだ》を動《うご》かしましょう。

これでハマる!

脳《のう》のメモ帳《ちょう》をきたえると、集中力《しゅうちゅうりょく》や記憶力《きおくりょく》がアップする。

脳《のう》のメモ帳《ちょう》をきたえるゲーム

グーパー運動《うんどう》

❶

左手《ひだりて》をパーにして、手《て》のひらを前《まえ》にむけてつきだします。同時《どうじ》に、右手《みぎて》はグーにして胸《むね》の近《ちか》くにもってきます。

❷

つぎに左手《ひだりて》をグーにして、胸《むね》の近《ちか》くにひきよせます。同時《どうじ》に、右手《みぎて》はパーにして、手《て》のひらを前《まえ》にむけてつきだします。❶と❷をくりかえします。

棒《ぼう》と三角《さんかく》

まず、両手《りょうて》を頭《あたま》の高《たか》さまであげます。つぎに、右手《みぎて》で棒《ぼう》（たての線《せん》）をえがくように動《うご》かします。同時《どうじ》に、左《ひだり》手《て》で三角《さんかく》をえがくように動《うご》かします。この動《うご》きをリズムよくくりかえしましょう。

友《とも》だちと楽《たの》しく

あと出《だ》しジャンケン

相手《あいて》に「グー」「チョキ」「パー」のどれかを出《だ》してもらい、そのあと、自分《じぶん》が勝《か》つゲームです。たとえば、相手《あいて》がチョキならグー、相手《あいて》がパーならチョキ、相手《あいて》がグーならパーを出《だ》します。友《とも》だちと楽《たの》しくやってみましょう。

楽《たの》しく脳《のう》のメモ帳《ちょう》をきたえよう

ここで紹介《しょうかい》したゲームをすると、「ワーキングメモリ」という脳《のう》のメモ帳《ちょう》がパワーアップしていきます。ふだんしない動《うご》きをして頭《あたま》をはたらかせながら体《からだ》を使《つか》うことで、脳《のう》が広《ひろ》く刺激《しげき》されてきたえられるからです。最初《さいしょ》はむずかしいと感《かん》じるかもしれませんが、頭《あたま》を使《つか》いながらむずかしいことにチャレンジすることが脳《のう》をきたえるのです。

学校《がっこう》で　勉強《べんきょう》ハマりスイッチ 12

勉強《べんきょう》したことを だれかに教《おし》えよう

Point

勉強《べんきょう》したことを外《そと》に出《だ》すと、脳《のう》がよくはたらいて頭《あたま》の中《なか》が整理《せいり》される。

その日《ひ》のできごとをだれかに話《はな》したら、話《はな》した内容《ないよう》がずっと頭《あたま》に残《のこ》っていたなんてことがあります。これは、「出力依存性《しゅつりょくいぞんせい》」という脳《のう》のはたらきのおかげです。**「出力依存性《しゅつりょくいぞんせい》」とは、情報《じょうほう》を入《い》れようとするよりも、出《だ》そうとするほうが得意《とくい》な脳《のう》の特徴《とくちょう》のことです。**だから、ひたすら見《み》たり読《よ》んだりするよりも、だれかに話《はな》したりノートに書《か》いたりするほうが、記憶《きおく》に残《のこ》りやすくなります。

これを利用《りよう》して、勉強《べんきょう》したことを友《とも》だちや家《いえ》の人《ひと》に話《はな》してみましょう。先生《せんせい》になったつもりで、自分《じぶん》の言葉《ことば》で説明《せつめい》するのがポイントです。自分《じぶん》の言葉《ことば》で表現《ひょうげん》すると、脳《のう》は「大事《だいじ》な情報《じょうほう》だ！」と思《おも》ってくれます。だれかに教《おし》えようとするだけで、勉強《べんきょう》した内容《ないよう》をスイスイ整理《せいり》できるのです。

これでハマる！

脳《のう》の「出力依存性《しゅつりょくいぞんせい》」を利用《りよう》するために、たくさん情報《じょうほう》を外《そと》に出《だ》そう！

コラム①

学校《がっこう》に通《かよ》うだけで頭《あたま》がよくなる！

学校《がっこう》に通《かよ》うと、どんな人《ひと》でも頭《あたま》がよくなります。生《う》まれつきや、お金《かね》があるとかないとかの差《さ》が、2年間学校《ねんかんがっこう》に通《かよ》うだけで関係《かんけい》なくなるといわれています。

国語《こくご》や算数《さんすう》などはもちろん、体育《たいいく》や図工《ずこう》などの科目《かもく》もバランスよく教《おそ》わることで、脳《のう》のワーキングメモリがきたえられるからです。長《なが》い文章《ぶんしょう》をすらすら読《よ》めるようになったり、頭《あたま》の中《なか》で計算《けいさん》できるようになったり、将来《しょうらい》の仕事《しごと》や生活《せいかつ》に必要《ひつよう》な能力《のうりょく》が身《み》につきます。

「塾《じゅく》に行《い》くからいいや」などとおろそかにすることなく、どんな授業《じゅぎょう》でも前向《まえむ》きに受《う》けましょう。その分《ぶん》、脳《のう》がきたえられます。

2章《しょう》

おうちで
勉《べん》強《きょう》ハマりスイッチ

ついついサボっちゃうおうちでもスイッチオン!

ふう、つかれた〜〜
つかれたらどんどん休憩《きゅうけい》しよう！
よし！
アイス食《た》べちゃお
ハマリスイッチオン！
アイス
バッ
まだまだがんばれそう！
これ終《お》わったらまたアイス！
食《た》べすぎないようにね

おうちで 勉強《べんきょう》ハマりスイッチ 1

「三日坊主《みっかぼうず》」は あたりまえ

Point

「三日坊主《みっかぼうず》」を積《つ》み重《かさ》ねることがたいせつ。

最初《さいしょ》はやる気《き》いっぱいでも、数日《すうじつ》でやる気《き》がなくなってしまう「三日坊主《みっかぼうず》」は、ダメなことではありません。三日坊主《みっかぼうず》は、はじめたことと、3日《か》もつづいたことがすばらしいことなのです。

人間《にんげん》はみんな三日坊主《みっかぼうず》です。それは、人間《にんげん》がもっているいろいろなリズムが関係《かんけい》しています。月曜《げつよう》日《び》は元気《げんき》いっぱいで、金曜日《きんようび》はつかれを感《かん》じるという1週間《しゅうかん》の波《なみ》があるように、新《あたら》しいことをはじめるときにも波《なみ》があります。最初《さいしょ》の数日《すうじつ》は体《からだ》の中《なか》でやる気《き》を出《だ》す物質《ぶっしつ》がたくさん出《で》るのですが、3~5日《か》たつとすっかり少《すく》なくなるのです。

だから、三日坊主《みっかぼうず》をつづけることがたいせつです。どうしてはじめられたのかを考《かんが》えて、この三日坊主《みっかぼうず》をくりかえせるようにしましょう。三日坊主《みっかぼうず》を5回《かい》くりかえせば15日《にち》、10回《かい》なら30日《にち》やったことになります。

これでハマる！

3日後《かご》にやる気《き》がなくなってもあきらめず、少《すこ》し休《やす》んでまたはじめてみよう！

おうちで　勉《べん》強《きょう》ハマりスイッチ 2

「オノマトペ」で勉《べん》強《きょう》している自《じ》分《ぶん》を想《そう》像《ぞう》しよう

Point
行動《こうどう》を想像《そうぞう》するだけよりも、オノマトペを使《つか》うほうがやる気《き》が出《で》やすい。

勉強《べんきょう》のやる気《き》がゼロのときは、**「オノマトペ」という言葉《ことば》の力《ちから》をかりて、勉強《べんきょう》している自分《じぶん》の姿《すがた》を想像《そうぞう》しましょう。**オノマトペとは、犬《いぬ》の鳴《な》き声《ごえ》をあらわす「ワンワン」や、心臓《しんぞう》が動《うご》いている音《おと》をあらわす「ドキドキ」など、音《おと》や動《うご》きをあらわした言葉《ことば》です。このオノマトペを使《つか》って想像《そうぞう》すると、より行動《こうどう》にうつしやすくなるのです。

たとえば、こんな感《かん》じです。

「しゃん！」と今《いま》の場所《ばしょ》から立《た》ち上《あ》がる。そのまま机《つくえ》に向《む》かって「のっしのっし」と歩《ある》く。いすに「ドーン！」とすわって教科書《きょうかしょ》やノートをひらく。「ズガガガガー」とえんぴつを動《うご》かす。

このように、音《おと》を使《つか》って行動《こうどう》を頭《あたま》の中《なか》でイメージすると、脳《のう》が「よし、やるぞ！」という気持《きも》ちになります。

これでハマる！
「キラキラ」や「わくわく」のような、音《おと》のしない状態《じょうたい》をあらわすオノマトペも使《つか》える。

おうちで 勉強《べんきょう》ハマりスイッチ 3

体内時計《たいないどけい》を味方《みかた》にしよう

Point
勉強《べんきょう》のはかどる時《じ》間《かん》は人《ひと》によってちがうので、自分《じぶん》なりのリズムをつかもう。

人間《にんげん》の体《からだ》の中《なか》には時計《とけい》があります。「体内時計《たいないどけい》」というもので、本物《ほんもの》の時計《とけい》ではありません。毎日《まいにち》元気《げんき》にすごすために体《からだ》のリズムをととのえてくれるものです。

この体内時計《たいないどけい》のおかげで、テンションは1日《にち》の中《なか》でどんどん変化《へんか》します。朝《あさ》から昼《ひる》にかけてだんだんとめざめていき、昼《ひる》ごろには元気《げんき》になって、勉強《べんきょう》が頭《あたま》に入《はい》りやすくなります。昼《ひる》をすぎると少《すこ》しずつつかれていきますが、夕方《ゆうがた》6時《じ》ごろにもう一度《いちど》元気《げんき》になります。

「勉強《べんきょう》がうまく進《すす》まない」と思《おも》ったときは、テンションに合《あ》わせて勉強《べんきょう》するようにしてみましょう。家《いえ》で勉強《べんきょう》するときは、朝《あさ》から昼《ひる》にかけての時《じ》間《かん》と、夕方《ゆうがた》から夜《よる》にかけての時間《じかん》がおすすめです。

これでハマる!
ほぼ24時間周期《じかんしゅうき》の体内《たいない》のリズムを「サーカディアンリズム」という。

おうちで　勉強《べんきょう》ハマりスイッチ 4

やる気《き》がなくても「今《いま》」はじめよう

Point

ぜんぜんやる気《き》が出《で》ないときは、とりあえず机《つくえ》に向《む》かってえんぴつを持《も》とう。

「やる気《き》が出《で》ない」と思《おも》っていたのに、なんとなくはじめたらうまくいっちゃった、みたいなことがあります。その理由《りゆう》は、**脳《のう》の「やる気《き》に関係《かんけい》なく行動《こうどう》をつづけようとする性質《せいしつ》」にあります。**

大昔《おおむかし》、人間《にんげん》がマンモスを追《お》いかけていた時代《じだい》を想像《そうぞう》しましょう。追《お》いかけはじめたら、途中《とちゅう》で「めんどくさいからやっぱりやめよう」なんて言《い》ってられないですよね。それと同《おな》じで、勉強《べんきょう》もはじめてしまえば、脳《のう》が勝手《かって》につづけてくれるようになっているのです。

ぜんぜんやる気《き》が出《で》なくても、とりあえず今《いま》すぐはじめてみましょう。最初《さいしょ》の5分《ふん》だけと決《き》めてがんばれば、気《き》づいたら10分《ぷん》、20分《ぷん》とつづいているはずです。

これでハマる！

5分《ふん》だけと決《き》めてもがんばれない人《ひと》は、50ページの方法《ほうほう》もためしてみよう！

おうちで　勉強《べんきょう》ハマりスイッチ 5

スタートの“儀式《ぎしき》”を決《き》めよう

Point

勉強《べんきょう》をはじめる前《まえ》の言葉《ことば》や動《うご》きを、前《まえ》もって決《き》めておこう。

勉強《べんきょう》モードに切《き》りかえるための、スタートの〝儀式《ぎしき》〟を決《き》めておきましょう。これをやると自然《しぜん》と勉強《べんきょう》がしたくなる、「おまじない」のようなものです。たとえば、人気《にんき》の動画配信者《どうがはいしんしゃ》のお決《き》まりのあいさつや、スポーツ選手《せんしゅ》が試合前《しあいまえ》にする決《き》まった動《うご》きなどです。

体《からだ》を動《うご》かすととくに脳《のう》が刺激《しげき》されるので、自分《じぶん》だけの〝儀式《ぎしき》〟を考《かんが》えるときは、動《うご》きのあるものがおすすめです。

「2回《かい》まばたきをする」「体《からだ》の前《まえ》で大《おお》きく手《て》をたたく」など自分《じぶん》に合《あ》っているものならなんでもO《オー》K《ケー》です。**〝儀式《ぎしき》〟と勉強《べんきょう》をセットにして毎日《まいにち》くりかえしているうちに、脳《のう》がおぼえてくれるようになります。**自分《じぶん》が決《き》めたとおりに体《からだ》を動《うご》かすと、脳《のう》が「さあ、勉強《べんきょう》だ！」と気合《きあ》いを入《い》れるのです。

これでハマる！

いつも決《き》まっていて身《み》についている習慣《しゅうかん》のことを「ルーティン」ともいう。

おうちで 勉強《べんきょう》ハマりスイッチ 6

どんどん休憩《きゅうけい》しよう

Point

甘《あま》いお菓子《かし》にも入《はい》っている「ブドウ糖《とう》」が脳《のう》のエネルギー源《げん》!

「もう集中《しゅうちゅう》できない」と思《おも》ったら、まよわず休《きゅう》憩《けい》しましょう。休憩中《きゅうけいちゅう》や睡眠中《すいみんちゅう》などに身《み》につく「オフライン学習《がくしゅう》」というものがあり、ムリにつづけるよりも、しっかり休《やす》んだほうが勉強《べんきょう》がはかどるのです。

休憩《きゅうけい》に入《はい》る前《まえ》に、休憩《きゅうけい》が終《お》わったらなにをするか考《かんが》えておくことがたいせつです。「鉛筆《えんぴつ》を持《も》つ」「ドリルをひらく」「問題《もんだい》を解《と》く」というように、休憩《きゅうけい》したあとの行動《こうどう》を想像《そうぞう》してみましょう。これだけで勉強《べんきょう》をスムーズに再《さい》スタートできます。

「休憩後《きゅうけいご》もまだまだがんばるぞ!」という気分《きぶん》のときは、あめやチョコレートなどの甘《あま》いお菓子《かし》を食《た》べるのもいいですよ。砂糖《さとう》は脳《のう》のエネルギーになるので、今《いま》すぐがんばりたいときにぴったりです。でも、おなかがいっぱいになると頭《あたま》がボーっとしてしまうので、食《た》べすぎには注意《ちゅうい》です。

これでハマる!

休憩中《きゅうけいちゅう》は頭《あたま》をスッキリさせる成分《せいぶん》が入《はい》っている緑茶《りょくちゃ》や紅茶《こうちゃ》もおすすめ!

おうちで　勉強《べんきょう》ハマりスイッチ 7

わからないときは すぐに答《こた》えを 見《み》たっていい

Point

答《こた》えにたどりつくための道筋《みちすじ》を考《かんが》えること自体《じたい》が勉強《べんきょう》になる！

問題《もんだい》が解《と》けなくて「もうムリ！」と思《おも》ったら、考《かんが》えつづけずに、答《こた》えを見《み》てしまいましょう。

「ズルじゃないの？」と思《おも》うかもしれませんが、答《こた》えを見《み》るのは悪《わる》いことではありません。**答《こた》えを見《み》て「わかった！」とうれしくなるとき、脳《のう》もよろこびます。逆《ぎゃく》に、「自分《じぶん》の答《こた》えとちがってくやしい！」と思《おも》うのも、脳《のう》にとってはいい栄養《えいよう》です。**

「わかった！」や「くやしい！」という気持《きも》ちが脳《のう》にはたらきかけ、いつもより記憶《きおく》に残《のこ》りやすくなります。

なかなか問題《もんだい》が解《と》けないときは、成長《せいちょう》のチャンスと考《かんが》えましょう。わからない問題《もんだい》にたくさん時《じ》間《かん》をかけるよりも、答《こた》えを見《み》て、「なんでこの答《こた》えになるんだろう？」と自分《じぶん》で解《と》き方《かた》を考《かんが》えるのが、かしこくなるための近道《ちかみち》です。

これでハマる！

答《こた》えを見《み》るのもひとつの手《て》。ストレスがなく、やる気《き》もつづきやすい！

おうちで 勉強《べんきょう》ハマりスイッチ 8

「うんうん」とうなずきながら勉強《べんきょう》しよう

Point

うなずく以外《いがい》に、表情《ひょうじょう》を変《か》えてみるのもおすすめ。

家《いえ》で勉強《べんきょう》する方法《ほうほう》のひとつに、「うんうんうなずき」があります。やり方《かた》はかんたんで、教科書《きょうかしょ》を読《よ》んだり、問題《もんだい》を解《と》いたりするときに、「うんうん」とうなずくだけです。実際《じっさい》に声《こえ》に出《だ》してみるのもいいですよ。

実験《じっけん》でも、うなずくことが記憶《きおく》によい影響《えいきょう》をあたえることがわかっています。**脳《のう》が「すごいことを学《まな》んでるぞ！」と感《かん》じてくれるからです。**

「うんうんうなずき」は授業中《じゅぎょうちゅう》にも役立《やくだ》ちます。ねむくなったり、集中力《しゅうちゅうりょく》がなくなってしまったりしたときは、こっそりうなずいてみるのがおすすめです。コツは、先生《せんせい》や話《はな》している人《ひと》のタイミングに合《あ》わせてうなずくこと。静《しず》かに聞《き》くのではなく、うなずきながら聞《き》くことで、脳《のう》が活発《かっぱつ》になり、内容《ないよう》が頭《あたま》に残《のこ》りやすくなります。

これでハマる！

「うんうん」と首《くび》を動《うご》かすことが、脳《のう》を刺激《しげき》する！

おうちで 勉強《べんきょう》ハマりスイッチ 9

スイスイはかどる勉強《べんきょう》部屋《べや》づくり

Point
家以外《いえいがい》の場所《ばしょ》でも使《つか》える、とってもお手軽《てがる》な方法《ほうほう》。

勉強《べんきょう》をしているときにすぐに気《き》が散《ち》ってしまうなら、勉強《べんきょう》する環境《かんきょう》を変《か》えるのもひとつの手《て》です。スマホやタブレット、ゲームなど、気《き》になるものをかたづけて、なにもない部屋《へや》をめざしましょう。これだけで、勉強《べんきょう》に集中《しゅうちゅう》できます。

自分《じぶん》の部屋《へや》がなくて、リビングなどで勉強《べんきょう》しているなら「壁《かべ》」をつくりましょう。壁《かべ》といっても本物《ほんもの》の壁《かべ》ではなく、自分《じぶん》のまわりに参考書《さんこうしょ》やノートをおいて、「しきり」のようにすればいいのです。

もっとかんたんな壁《かべ》やしきりは、手《て》です。上《うえ》の絵《え》のように、**両手《りょうて》で目《め》の横《よこ》をかくして、教科書《きょうかしょ》やノートだけを見《み》ていると、だんだん集中力《しゅうちゅうりょく》が高《たか》まってきます。**自分専用《じぶんせんよう》の集中《しゅうちゅう》スペースにいる気《き》持《も》ちになり、脳《のう》が「よし、集中《しゅうちゅう》するぞ！」と思《おも》ってくれるのです。

これでハマる!
学校《がっこう》や図書館《としょかん》などで勉強《べんきょう》するときも、しきりのある席《せき》を選《えら》ぶのがおすすめ！

おうちで 勉《べん》強《きょう》ハマりスイッチ 10

「3の枝《えだ》わかれ」で

おぼえよう

Point

このように３つにわかれる図《ず》をかくと、よりおぼえやすい。

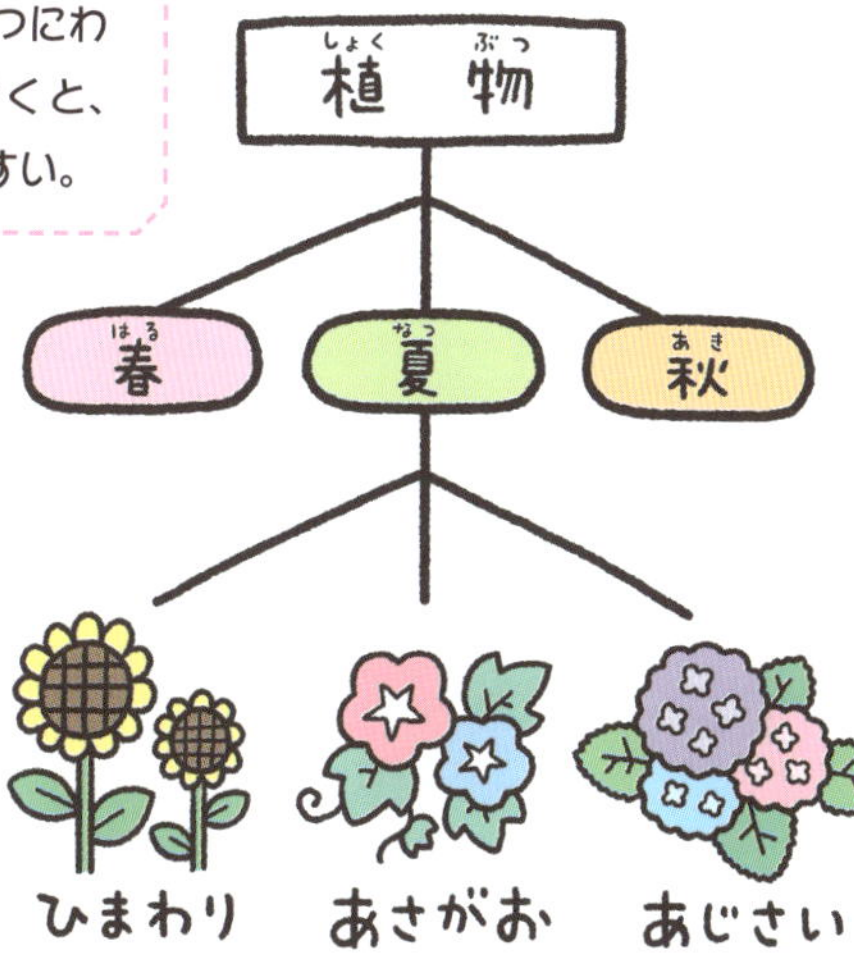

人間《にんげん》が一度《いちど》におぼえられる情報《じょうほう》のまとまりは、３、４個《こ》が限界《げんかい》と考《かんが》えられています。一度《いちど》にたくさんおぼえられないのはあたりまえなのです。**だから、たくさんの物事《ものごと》をおぼえたいときは、３つに分解《ぶんかい》していく「３の枝《えだ》わかれ」でおぼえましょう。**

たとえば、いろいろな植物《しょくぶつ》の名前《なまえ》をおぼえたいとき、こんなふうにわけてみましょう。

1. 春《はる》（サクラ、タンポポ、チューリップ）
2. 夏《なつ》（ひまわり、あさがお、あじさい）
3. 秋《あき》（キキョウ、コスモス、キンモクセイ）

「コスモスは漢字《かんじ》で〝秋桜〟と書《か》く」など、関連《かんれん》情報《じょうほう》といっしょにおぼえると、さらにわすれにくくなります。バラバラにおぼえるより、まとめておぼえたほうが、思《おも》い出《だ》しやすくなります。

これでハマる！

一度《いちど》におぼえられる情報《じょうほう》のまとまりを「チャンク」という。

おうちで　勉強《べんきょう》ハマりスイッチ 11

動画《どうが》で記憶《きおく》を強化《きょうか》しよう

Point

レシピの文章《ぶんしょう》を読《よ》むだけよりも、動画《どうが》で見《み》たほうがイメージしやすく記憶《きおく》に残《のこ》る。

もし机《つくえ》に向《む》かって問題《もんだい》を解《と》いたり、教科書《きょうかしょ》を読《よ》んだりすることが苦手《にがて》なら、YouTube《ユーチューブ》やスタディサプリなどの動画《どうが》を見《み》て勉強《べんきょう》する方法《ほうほう》もあります。便利《べんり》なだけでなく、記憶《きおく》をぐっと強化《きょうか》してくれるのです。

動画《どうが》を見《み》ながら勉強《べんきょう》すると、脳《のう》の中《なか》の3つの場所《ばしょ》がはたらきます。目《め》で見《み》た情報《じょうほう》をおぼえる場所《ばしょ》、耳《みみ》で聞《き》いた情報《じょうほう》をおぼえる場所《ばしょ》、それらをまとめて物語《ものがたり》のようにおぼえる場所《ばしょ》。**動画《どうが》を見《み》るときは、この3つの場所《ばしょ》を同時《どうじ》に使《つか》うので、脳《のう》がとてもよくはたらくのです。**

YouTube《ユーチューブ》は1日《にち》30分《ぷん》など、家《いえ》の人《ひと》との決《き》まりがあるなら、「動画《どうが》を見《み》て勉強《べんきょう》すると、ふつうの勉強《べんきょう》よりも記憶《きおく》に残《のこ》るんだって」と相談《そうだん》してみてもいいかもしれません。

これでハマる！

動画《どうが》を使《つか》うと、楽《たの》しく学《まな》べておぼえやすいから一石二鳥《いっせきにちょう》！

おうちで　勉強《べんきょう》ハマりスイッチ 12

「目玉《めだま》ぐるぐる運動《うんどう》」で集中力《しゅうちゅうりょく》アップ！

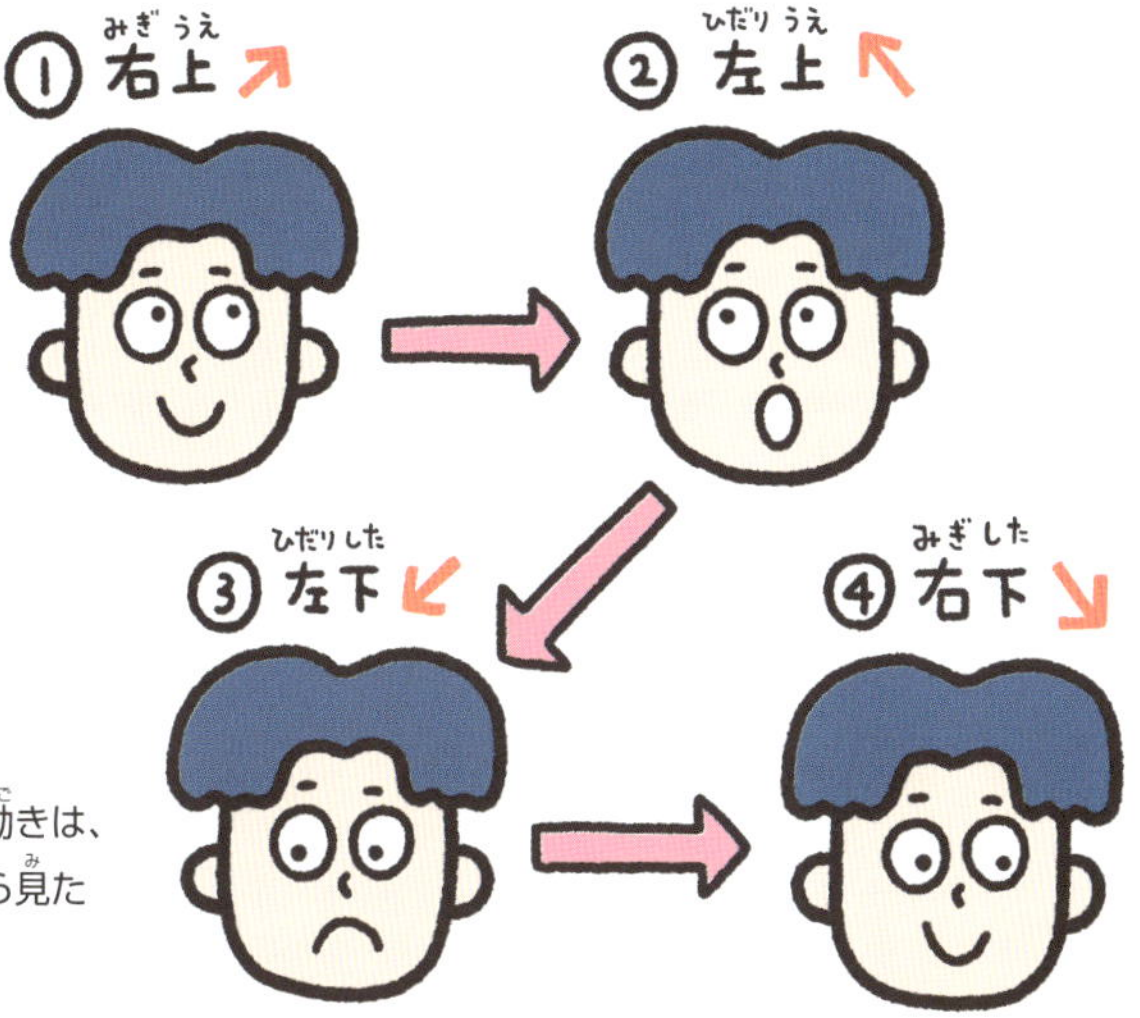

※イラストの目《め》の動《うご》きは、読《よ》んでいる人《ひと》から見《み》たときの向《む》き。

とくに集中《しゅうちゅう》して勉強《べんきょう》に取《と》り組《く》みたいときは、目《め》玉《だま》をぐるぐるまわす「目玉《めだま》ぐるぐる運動《うんどう》」をためしてみてください。 集中力《しゅうちゅうりょく》は、目《め》の動《うご》きと深《ふか》い関《かん》係《けい》があります。

やり方《かた》はかんたんで、体《からだ》をまっすぐにしたまま正面《しょうめん》を向《む》き、目《め》だけを左右《さゆう》にできるだけ速《はや》く10秒《びょう》ほど動《うご》かすだけです。顔《かお》は動《うご》かさないようにしましょう。こうすると、集中力《しゅうちゅうりょく》が高《たか》まって、勉強《べんきょう》がもっとはかどります。また、目《め》のまわりの筋肉《きんにく》がほぐれて、目《め》のつかれもとれやすくなります。

教科書《きょうかしょ》やノートの4つの角《かど》を順番《じゅんばん》に見《み》ていくのも効果《こうか》があります。右上《みぎうえ》→左上《ひだりうえ》→左下《ひだりした》→右下《みぎした》の順《じゅん》に目《め》を動《うご》かしてみてください。これを2セットおこなうだけで、脳《のう》がシャキッとして集中力《しゅうちゅうりょく》がアップします。

これでハマる！

「目玉《めだま》ぐるぐる運動《うんどう》」で、目《め》と脳《のう》のはたらきを回復《かいふく》させる！

おうちで 勉強《べんきょう》ハマりスイッチ 13

自分《じぶん》のがんばっている写真《しゃしん》を見《み》てほめよう

かっこいい～
天才《てんさい》！

Point

印刷《いんさつ》した写真《しゃしん》をお気《き》に入《い》りのフォトフレームにかざると気《き》分《ぶん》も上《あ》がる！

自分《じぶん》の写真《しゃしん》を机《つくえ》において、写真《しゃしん》を見《み》ながら「よくがんばった」とほめましょう。写真《しゃしん》をほめるだけで頭《あたま》がよくなるという研究結果《けんきゅうけっか》があります。運動会《うんどうかい》で速《はや》く走《はし》れたときの写真《しゃしん》や、発表会《はっぴょうかい》で活躍《かつやく》したときなど、がんばっている姿《すがた》の写真《しゃしん》がおすすめです。加工《かこう》アプリを使《つか》って、自分《じぶん》の姿《すがた》をさらにかっこよく、かわいくしても効果《こうか》があります。

写真《しゃしん》をほめると、自己肯定感《じここうていかん》が高《たか》まります。自己肯定感《じここうていかん》とは、「自分《じぶん》っていいな」と自分《じぶん》を好《す》きだと思《おも》える気持《きも》ちのことです。運動会《うんどうかい》や発表会《はっぴょうかい》での写真《しゃしん》を見《み》ると、「こんなにがんばれた！」と思《おも》い出《だ》しますよね。「あのときみたいにがんばれば、勉強《べんきょう》もできる！」と思《おも》えるようになります。

自分《じぶん》でほめるだけではなく、家族《かぞく》や友《とも》だちとほめ合《あ》えると最高《さいこう》です。

これでハマる！

ステキな自分《じぶん》の姿《すがた》を見《み》て、自己肯定感《じここうていかん》を上《あ》げていこう！

おうちで　勉強《べんきょう》ハマりスイッチ 14

勉強《べんきょう》が終《お》わったら「楽《たの》しかった〜」と声《こえ》に出《だ》そう

Point

「楽《たの》しい！」と声《こえ》に出《だ》すと、勉強《べんきょう》のことを考《かんが》えるだけで楽《たの》しくなってくるかも？

勉強《べんきょう》のあとは、「楽《たの》しかった～」と声《こえ》に出《だ》すようにしてみましょう。記憶《きおく》は、気分《きぶん》や感情《かんじょう》とむすびついています。たとえば、**「楽《たの》しかった」と声《こえ》に出《だ》すと、勉強《べんきょう》したという記憶《きおく》に「楽《たの》しい」という感情《かんじょう》がつきます。つまり、「勉強《べんきょう》」が「楽《たの》しい」とむすびつくのです。**すると、つぎに勉強《べんきょう》をするときに「楽《たの》しい」という感情《かんじょう》を思《おも》い出《だ》し、自然《しぜん》と勉強《べんきょう》のやる気《き》が出《で》てきます。

これを使《つか》って、勉強《べんきょう》を終《お》える最後《さいご》の数分《すうふん》は、「楽《たの》しいからつぎもがんばろう」と気持《きも》ちをこめながら、つぎの勉強予定《べんきょうよてい》を書《か》きましょう。

むずかしい問題《もんだい》が解《と》けたときに「楽《たの》しかった！」と言《い》うのもおすすめです。むずかしい問題《もんだい》にどんどんチャレンジしたくなってくるはずです。

これでハマる！

「勉強《べんきょう》」と「楽《たの》しい」をむすびつける回数《かいすう》をふやすとやる気《き》が上《あ》がる！

コラム②

AI《エーアイ》を味方《みかた》につけて勉強《べんきょう》スラスラ

AI《エーアイ》は、みんなが楽《たの》しく学《まな》べるようにサポートしてくれる強力《きょうりょく》なツールです。家《いえ》の人《ひと》に見《み》てもらいながら、パソコンやスマホなどで、ChatGPT《チャットジーピーティー》やCopilot《コパイロット》などのオンラインツールを使《つか》ってみましょう。

やり方《かた》は自由《じゆう》ですが、たとえば「住《す》んでいる○○市《し》について小学生《しょうがくせい》でもわかるようにまとめて」などと入力《にゅうりょく》すると、AI《エーアイ》が作文《さくぶん》してくれます。イマイチだと思《おも》ったら、「この文章《ぶんしょう》を60点《てん》として100点《てん》の文章《ぶんしょう》を書《か》いて」と入力《にゅうりょく》すると、さらによい文章《ぶんしょう》が出《で》てきます。これを自分《じぶん》の文《ぶん》として使《つか》うのではなく、「文章《ぶんしょう》がどうよくなったか」「つぎはこう書《か》きたい」など、自分《じぶん》なりに考《かんが》えることが大事《だいじ》です。

使《つか》いなれてきたら、「参考《さんこう》にした資料《しりょう》を教《おし》えて」などと質問《しつもん》をくふうしてみると、もっとたくさんのことが学《まな》べます。

3章《しょう》

テスト前《まえ》
勉《べん》強《きょう》ハマりスイッチ

大事《だいじ》な本番前《ほんばんまえ》でもバッチリ集中《しゅうちゅう》！

先生《せんせい》はこう言《い》ってたな
人間《にんげん》の集中力《しゅうちゅうりょく》は15分《ふん》しか持《も》たない！
ハマリスイッチオン！
15分《ふん》アラーム
長時間集中《ちょうじかんしゅうちゅう》できないのはみんな同《おな》じ！ 15分《ふん》をくりかえせばいいんだ！
翌日《よくじつ》
昨日《きのう》は勉強《べんきょう》はかどったな～ 先生《せんせい》のおかげだよ
いやいや、君《きみ》の脳《のう》の成果《せいか》だよ
この方法《ほうほう》はテストだけじゃなく、大事《だいじ》な試合《しあい》や本番前《ほんばんまえ》にも生《い》かせるよ
ほんと？ ハマリスイッチすごい！
よーし…
15分集中《ふんしゅうちゅう》して着替《きが》え！
ボ
15分《ふん》準備運動《じゅんびうんどう》！
休《やす》む！
ボ
15分《ふん》ドリブル！
休《やす》む！
なんでも15分《ふん》じゃなくていいよ

テスト前《まえ》　勉《べん》強《きょう》ハマりスイッチ 1

「計画《けいかく》を立《た》てる」という予定《よてい》を立《た》てよう

Point

必《かなら》ず実現《じつげん》させなくては！と決《き》めつけず、いろいろな計《けい》画《かく》を立《た》ててみよう。

「勉強《べんきょう》する時間《じかん》」と同《おな》じように、「計画《けいかく》を立《た》てる時間《じかん》」も予定《よてい》に入《い》れましょう。計画《けいかく》を立《た》てること自体《じたい》が、たいせつなステップなのです。

勉強《べんきょう》の計画《けいかく》を立《た》てるコツは、かんたんなことからはじめて、だんだんむずかしい内容《ないよう》に取《と》り組《く》むようにすることです。**脳《のう》は新《あたら》しいことを学《まな》ぶとき、少《すこ》しずつステップアップするのが得意《とくい》だからです。**たとえば夏休《なつやす》みの宿題《しゅくだい》をするときは、1日目《にちめ》は計《けい》画《かく》を立《た》てる日《ひ》にして、かんたんなものからはじめられるような計画《けいかく》を立《た》ててみましょう。

一度《いちど》計画《けいかく》を立《た》てたら、最後《さいご》まで絶対《ぜったい》に守《まも》らなくてはいけない、なんてことはありません。うまく進《すす》まなかったら、思《おも》いきって計画《けいかく》を変《か》えるのもO《オー》K《ケー》です。「最初《さいしょ》の計画《けいかく》から変《か》わっちゃったけど、こうしたらうまくいった！」という成功体験《せいこうたいけん》も大事《だいじ》なのです。

これでハマる！

1週間《しゅうかん》のどこかに空《あ》き時間《じかん》をつくって、定期的《ていきてき》に計画《けいかく》を見直《みなお》してみよう！

テスト前《まえ》　勉《べん》強《きょう》ハマりスイッチ 2

くりかえし勉《べん》強《きょう》しないとだれだってわすれる

Point

予習《よしゅう》、授業《じゅぎょう》、復習《ふくしゅう》とくりかえすことで、わすれにくくなる。

一度《いちど》聞《き》いただけでおぼえることができればいいですが、人間《にんげん》の脳《のう》は、時間《じかん》がたつとわすれるようにできています。くりかえし勉強《べんきょう》しないと、だれだってわすれてしまうのです。だから、復習《ふくしゅう》することがたいせつです。

復習《ふくしゅう》でいちばん重要《じゅうよう》なのは、学習直後《がくしゅうちょくご》。時間《じかん》がたつほど思《おも》い出《だ》しにくくなり、思《おも》い出《だ》すための時《じ》間《かん》がかかるようになるからです。**学習直後《がくしゅうちょくご》に自分《じぶん》でテストしたり、言葉《ことば》に出《だ》したりして、勉強《べんきょう》した内容《ないよう》を思《おも》い出《だ》す行動《こうどう》をとると、よく身《み》につきます。**

自分《じぶん》のわすれ方《かた》を知《し》っておくことも大事《だいじ》です。そもそもおぼえられていないのか、授業後《じゅぎょうご》すぐにわすれてしまうのか、家《いえ》に帰《かえ》るとわすれているのかなど、わすれ方《かた》は人《ひと》それぞれです。完全《かんぜん》にわすれる前《まえ》に復習《ふくしゅう》するようにしましょう。

これでハマる!

くりかえし勉強《べんきょう》すると、おぼえたことを引《ひ》き出《だ》しやすくなる。

復習《ふくしゅう》ぴったりタイミング

復習《ふくしゅう》はたいせつですが、つねに行《おこな》う必要《ひつよう》はありません。
復習《ふくしゅう》には、効果的《こうかてき》なタイミングがあるのです。
時間《じかん》を上手《じょうず》に使《つか》うと勉強《べんきょう》がもっと楽《たの》しくなるはずです！

① 学習直後《がくしゅうちょくご》

まずは学習直後《がくしゅうちょくご》に、自分《じぶん》でノートを読《よ》みかえしたり、問題《もんだい》を解《と》いたりしてみましょう。
わからないことがあれば、すぐに先生《せんせい》に聞《き》いてみるのもいいですね。

② 学習《がくしゅう》12時間後《じかんご》

つぎに、学習《がくしゅう》してから12時間後《じかんご》に、おぼえているかもう一度確認《いちどかくにん》します。
学習直後《がくしゅうちょくご》に復習《ふくしゅう》しておけば、きっとすぐに思《おも》い出《だ》せるはずです。

❸ 本番《ほんばん》までの期間《きかん》を６でわった日《ひ》

大《おお》きなテストがあるときは、テストまでの期間《きかん》を６でわった日数《にっすう》ごとに復習《ふくしゅう》をくりかえすようにするのがおすすめです。

60日後《にちご》がテストなら…

60 ÷ 6 = 10　10日後《かご》に１回目《かいめ》の復習《ふくしゅう》

残《のこ》りの50日《にち》を６でわると…

50 ÷ 6 = 約《やく》8　1回目《かいめ》の８日後《かご》に２回目《かいめ》の復習《ふくしゅう》

つぎは７日後《かご》、６日後《かご》…　とつづけていく！

❹ DWM《ディーダブリューエム》法《ほう》

記憶《きおく》をさらに強化《きょうか》する、ＤＷＭ《ディーダブリューエム》法《ほう》という方法《ほうほう》があります。ＤＷＭ《ディーダブリューエム》とは、Day《デイ》（日《にち》）、Week《ウィーク》（週《しゅう》）、Month《マンス》（月《つき》）のかしら文字《もじ》で、１日以内《にちいない》、１週間以内《しゅうかんいない》、１か月以内《げついない》の３つのタイミングで復習《ふくしゅう》する方法《ほうほう》です。

テスト前《まえ》　勉《べん》強《きょう》ハマりスイッチ 3

「○分《ふん》以《い》内《ない》にやる」としめきりをつくろう

Point

「○○までに終《お》わらせよう」と、しめきりを決《き》めるだけでも脳《のう》が活《かっ》性化《せいか》する。

「ついダラダラしてしまって、気《き》づいたらぜんぜん勉強《べんきょう》が進《すす》んでない！」ということはありませんか？ そんなときは、しめきりを決《き》めると、脳《のう》が活性化《かっせいか》して勉強《べんきょう》がはかどります。しめきりとは、その時間《じかん》までにやるという約束《やくそく》です。

しめきりで脳《のう》が活性化《かっせいか》する理由《りゆう》は、コルチゾールというストレスホルモンにあります。コルチゾールはストレスを感《かん》じたときなどに体内《たいない》でできる物《ぶっ》質《しつ》です。適度《てきど》な量《りょう》だと脳《のう》がシャキッとしますが、ストレスを感《かん》じすぎるとやる気《き》をうしなってしまいます。だから、ちょうどいいしめきりが大事《だいじ》なのです。

「30分以内《ぷんいない》に漢字《かんじ》ドリルを10ページ」「15分《ふん》で計《けい》算問題《さんもんだい》を10問《もん》」のように、具体的《ぐたいてき》にしめきりを決《き》めましょう。少《すこ》しがんばればできそうな内容《ないよう》だと、ほどよい量《りょう》のコルチゾールが脳《のう》を元気《げんき》にします。

これでハマる！

コルチゾールには、朝《あさ》のめざめをうながす効果《こうか》もある。

テスト前《まえ》　勉強《べんきょう》ハマりスイッチ 4

集中《しゅうちゅう》力《りょく》が切《き》れない

15分《ふん》勉強《べんきょう》法《ほう》

Point

60分《ぷん》は長《なが》く感《かん》じてだらけてしまうけれど、4つにわければ集中《しゅうちゅう》できる！

テレビのCM《シーエム》は、だいたい15分《ふん》ごとに流《なが》れるようになっています。その理由《りゆう》は、私《わたし》たちの集中力《しゅうちゅうりょく》が15分《ふん》で切《き》れてしまうからです。「たったの15分《ふん》？」とびっくりしたかもしれませんが、この15分《ふん》のリズムを使《つか》えば、最強《さいきょう》の勉強方法《べんきょうほうほう》になります。

たとえば1時間勉強《じかんべんきょう》するなら、最初《さいしょ》の15分《ふん》は、これからする勉強《べんきょう》の内容《ないよう》をざっくり見《み》わたす時間《じかん》。つぎの15分《ふん》は、おぼえることをわかりやすくまとめる時間《じかん》。つぎの15分《ふん》は、しっかり理解《りかい》を深《ふか》める時間《じかん》。最後《さいご》の15分《ふん》は、おぼえたことを本当《ほんとう》に理解《りかい》できたか確認《かくにん》する時間《じかん》。

このように60分《ぷん》を4つにわけて、「15分《ふん》×4」で1セットにします。60分《ぷん》で一気《いっき》に勉強《べんきょう》したほうが早《はや》く進《すす》むような気《き》がするかもしれませんが、記憶《きおく》を定着《ていちゃく》させるためには、この15分勉強法《ふんべんきょうほう》が効率的《こうりつてき》なのです。

これでハマる！

ムリに長時間集中《ちょうじかんしゅうちゅう》しようとせず、15分《ふん》きざみの短《みじか》い集中《しゅうちゅう》を組《く》み合《あ》わせよう。

テスト前《まえ》　勉強《べんきょう》ハマりスイッチ 5

色《いろ》を使《つか》って集中《しゅうちゅう》しよう

Point

赤《あか》は興奮《こうふん》、緑《みどり》はおちつき、青《あお》は集中《しゅうちゅう》、黄色《きいろ》は注《ちゅう》意《い》。それぞれの色《いろ》の特徴《とくちょう》を理解《りかい》しておこう。

勉強《べんきょう》の途中《とちゅう》で集中力《しゅうちゅうりょく》が切《き》れてしまったら、色《いろ》パワーの出番《でばん》です。**色《いろ》には脳《のう》にはたらきかける効果《こうか》があって、自然《しぜん》とリラックスできたり元気《げんき》になったりするといわれています。**たとえば、黄色《きいろ》は注《ちゅう》意力《いりょく》が高《たか》まるとされていて、信号機《しんごうき》にも使《つか》われています。黄色《きいろ》いふせんを机《つくえ》にはって、「これを3秒《びょう》見《み》れば集中《しゅうちゅう》できる！」などと、自分《じぶん》なりのおまじないを決《き》めましょう。

ほかにも、赤《あか》は興奮《こうふん》したエネルギッシュな気分《きぶん》にさせてくれるので、短時間《たんじかん》でものすごいスピードで勉強《べんきょう》したいときにぴったりです。リラックスしながら集中《しゅうちゅう》したいときは青《あお》、ちょっとつかれを感《かん》じているけれど、心《こころ》をおちつかせながら勉強《べんきょう》したいときは緑《みどり》を取《と》り入《い》れるのがおすすめです。文《ぶん》房具《ぼうぐ》やノートの色《いろ》などをくふうしてみましょう。

これでハマる!

ほかにも、オレンジでやる気《き》アップ、茶色《ちゃいろ》で緊張《きんちょう》をやわらげるなどの効果《こうか》も。

テスト前《まえ》　勉《べん》強《きょう》ハマりスイッチ 6

「ゴールは遠《とお》い」と思《おも》って限《げん》界《かい》突《とっ》破《ぱ》

Point

自分《じぶん》の限界《げんかい》を決《き》めつけず、最後《さいご》までがんばれば想像《そうぞう》以上《いじょう》の結果《けっか》を出《だ》せるかも!

「もうすぐゴールだ!」と思《おも》うと、ほっとして力《ちから》がぬけてしまうもの。そんなときこそ「まだまだ!」と思《おも》うようにしましょう。

ある実験《じっけん》で、丸《まる》をすばやくタッチして６００点《てん》をめざすゲームをしているときの脳《のう》を調《しら》べました。その結果《けっか》、ゲームの途中《とちゅう》で「６００点《てん》のゴールまで遠《とお》いよ」と言《い》われた人《ひと》と、「もうすぐ６００点《てん》、ゴールは近《ちか》いよ」と言《い》われた人《ひと》の脳《のう》をくらべると、そのときの実際《じっさい》の得点《とくてん》に関係《かんけい》なく、「ゴールは遠《とお》いよ」と言《い》われた人《ひと》のほうが、脳《のう》が多《おお》く活動《かつどう》することがわかったのです。

勉強《べんきょう》するときも、「もうすぐ終《お》わり」ではなくて、「まだまだ!」と思《おも》うと、脳《のう》ががんばってくれます。最後《さいご》まで力《ちから》をぬかずに、自分《じぶん》の力《ちから》を１００％出《だ》せそうですね。

これでハマる!

敵《てき》は自分《じぶん》の「もうすぐだ」と気《き》を抜《ぬ》く気持《きも》ち。ふんばって自分《じぶん》をこえよう。

テスト前《まえ》　勉《べん》強《きょう》ハマりスイッチ 7

ゴールの形《かたち》は具《ぐ》体《たい》的《てき》に決《き》めよう

Point
具体的《ぐたいてき》で、がんばれば達成《たっせい》できそうなゴールにするのがおすすめ。

「かしこくなりたい」という目標《もくひょう》（ゴール）では、どうなったら「かしこくなった」ことになるのかわかりません。でも、「つぎの国語《こくご》のテストで90点《てん》をとる」なら、できたかどうかがわかります。ゴールは具体的《ぐたいてき》にすると、勉強《べんきょう》がぐんぐん進《すす》むようになります。

できたかどうかがはっきりわかるようにしておくと、達成《たっせい》できたときにうれしい気持《きも》ちになり、もっと勉強《べんきょう》したくなるのです。

また、ゴールを細《こま》かく決《き》めると、そのためになにをすればいいのかがはっきりわかり、勉強《べんきょう》がしやすくなります。「ドリルを3ページやる」「都道《とどう》府県《ふけん》の名前《なまえ》を5個《こ》おぼえる」など、ゴールはどんなものでもかまいません。今日《きょう》からでも、具体的《ぐたいてき》なゴールを決《き》めて勉強《べんきょう》してみましょう。

これでハマる！
ゴールを決《き》めるときは、「○○しない」ではなく「○○する」という言葉《ことば》を使《つか》おう。

テスト前《まえ》　勉《べん》強《きょう》ハマりスイッチ 8

ちょうどいい ゴールを話《はな》し合《あ》おう

Point
よく考《かんが》えて自分《じぶん》が納得《なっとく》したゴールだと、ゴールに向《む》かってがんばれる。

なにかに取《と》り組《く》むときに、はっきりとした理由《りゆう》がないままゴールを決《き》めても意味《いみ》がありません。あるゲームをしたときに、今《いま》までやったゲームの結果《けっか》をもとに、自分《じぶん》で目標《もくひょう》の点数《てんすう》を考《かんが》えたほうが脳《のう》がよく動《うご》くことがわかりました。

勉強《べんきょう》では、先生《せんせい》に言《い》われたからとか、友《とも》だちがこの点数《てんすう》だからとかではなく、自分《じぶん》に合《あ》ったちょうどいい目標《もくひょう》を決《き》めることが重要《じゅうよう》です。同《おな》じ範囲《はんい》のテストをするときに、前回《ぜんかい》50点《てん》だったのにいきなり100点《てん》をめざすのは高《たか》すぎるし、55点《てん》では低《ひく》すぎです。「じゃあ70点《てん》にしよう」などと、自《じ》分《ぶん》が納得《なっとく》してゴールを決《き》めることが大事《だいじ》です。

テスト以外《いがい》でも目標《もくひょう》を決《き》めるときは、「これならがんばれそう?」と、自分《じぶん》にたずねてみましょう。

これでハマる!
自分《じぶん》の中《なか》で目標《もくひょう》を話《はな》し合《あ》うことを「ゴールネゴシエーション」と言《い》う。

テスト前《まえ》 勉強《べんきょう》ハマりスイッチ 9

明《あか》るい、楽《たの》しい未来《みらい》を想像《そうぞう》しよう

Point

「今《いま》がんばったらどうなる？」と自分《じぶん》に聞《き》いて、明《あか》るい未来《みらい》を想《そう》像《ぞう》しよう。

なんのために勉強《べんきょう》しているのかわからなくなり、やる気《き》がなくなってしまうことがあるかもしれません。そんなときは脳《のう》を味方《みかた》につけましょう。

まず、勉強《べんきょう》をしてテストで目標《もくひょう》をクリアしたときのことを想像《そうぞう》します。スッキリした気持《きも》ちになる？　ゲームができる時間《じかん》ができてうれしい？　想像《そうぞう》することは、未来《みらい》をつくることです。

おもしろいことに、**楽《たの》しい未来《みらい》を想像《そうぞう》すればするほど、脳《のう》はそれを現実《げんじつ》にしようとがんばってくれるのです。**逆《ぎゃく》に、「勉強《べんきょう》なんてやりたくない」と思《おも》うと、脳《のう》も「そうだよね…」とやる気《き》をなくしてしまいます。だから、勉強《べんきょう》のやる気《き》がなくなったら、終《お》わったあとの楽《たの》しいことをたくさん想像《そうぞう》しましょう。自然《しぜん》とやる気《き》が出《で》てきて、楽《たの》しい未来《みらい》にたどりつくことができます。

これでハマる！

毎日《まいにち》ねる前《まえ》にふとんの中《なか》で、実現《じつげん》したい未来《みらい》を想像《そうぞう》してみよう！

テスト前《まえ》 勉強《べんきょう》ハマりスイッチ 10

本番前《ほんばんまえ》に 不安《ふあん》を書《か》き出《だ》そう

Point
具体的《ぐたいてき》な不安《ふあん》を紙《かみ》に書《か》き出《だ》しておけば、トラブルが起《お》きても冷静《れいせい》に対応《たいおう》できる。

テスト前《まえ》に緊張《きんちょう》したら、不安《ふあん》や心配《しんぱい》ごとを紙《かみ》に書《か》いてみましょう。**「計算《けいさん》をまちがえちゃうかも」「漢字《かんじ》をわすれたらどうしよう」など、具体的《ぐたいてき》に書《か》くのがポイントです。そうすると、頭《あたま》の中《なか》がスッキリして、テストに集中《しゅうちゅう》できます。**

不安《ふあん》や心配《しんぱい》ごとを前《まえ》もって確認《かくにん》しておけば、それが起《お》きないよう、バッチリ対策《たいさく》もできますよね。たとえば、遅刻《ちこく》が不安《ふあん》なときは「遅刻《ちこく》したらどうしよう」と気持《きも》ちをそのまま紙《かみ》に書《か》きます。すると、早起《はやお》きしたいからめざましをセットしよう、前《まえ》の日《ひ》はいつもより早《はや》くねよう、などと考《かんが》えられて、遅刻《ちこく》をふせぐことができます。

不安《ふあん》を紙《かみ》に書《か》き出《だ》したり、だれかに話《はな》したり、外《そと》に出《だ》すことで心《こころ》がラクになります。頭《あたま》の大《おお》そうじをして、スッキリ気分《きぶん》でいつもの力《ちから》を出《だ》しきりましょう。

これでハマる!
自分《じぶん》の気持《きも》ちを紙《かみ》に書《か》くことで心《こころ》の中《なか》が整理《せいり》される。

テスト前《まえ》 勉《べん》強《きょう》ハマりスイッチ 11

自《し》然《ぜん》の音《おと》や音《おん》楽《がく》でリラックスしよう

Point

うるさい音楽《おんがく》やあまり人気《にんき》のない曲《きょく》でも、自分《じぶん》が好《す》きでおちつけるならOK《オーケー》！

頭《あたま》がつかれたら、自然《しぜん》の音《おと》を聞《き》きましょう。たとえば、小川《おがわ》のせせらぎや、森《もり》をふきぬける風《かぜ》の音《おと》などです。**自然《しぜん》の音《おと》は脳《のう》によく、聞《き》くだけでストレスがへることが研究《けんきゅう》でもわかっています。**外《そと》に出《で》なくても、家《いえ》の窓《まど》をあけて、鳥《とり》の声《こえ》や雨《あめ》の音《おと》を聞《き》いてみるのもよいでしょう。

自然《しぜん》の音《おと》だけでなく、人《ひと》がつくった音楽《おんがく》でもリラックスして集中《しゅうちゅう》できます。運動会《うんどうかい》で流《なが》れるようなリズムのよいマーチ音楽《おんがく》は、とくに集中力《しゅうちゅうりょく》が上《あ》がるそうです。また、自分《じぶん》の好《す》きな曲《きょく》でもやる気《き》が上《あ》がります。音楽《おんがく》の好《この》みは人《ひと》それぞれなので、ゆったりした音楽《おんがく》ではなく、ガンガンひびくような音楽《おんがく》のほうが集中《しゅうちゅう》できる人《ひと》もいます。重要《じゅうよう》なのは、自分《じぶん》はこれが集中《しゅうちゅう》できるなと思《おも》える音《おと》を見《み》つけることです。

これでハマる！

勉強《べんきょう》するときはこの音楽《おんがく》と決《き》めておくと、聞《き》くだけで自然《しぜん》とやる気《き》が出《で》てくる。

テスト前《まえ》　勉強《べんきょう》ハマりスイッチ 12

ドキドキ不安《ふあん》なときは「わくわくしてる」と言《い》おう

Point

だれだって試《し》合《あい》前《まえ》は緊《きん》張《ちょう》するけれど、多《おお》くのスポーツ選《せん》手《しゅ》は不《ふ》安《あん》をわくわくに変《か》えてパワーを引《ひ》き出《だ》している。

胸《むね》がドキドキしたり「イヤだなぁ…」と思《おも》ったりしたら、むしろチャンスです。その気《き》持《も》ちは、「不《ふ》安《あん》をわくわくに変《か》える力《ちから》」の元《もと》だからです。

スポーツ選《せん》手《しゅ》が試《し》合《あい》前《まえ》のインタビューで「わくわくします」などと言《い》うのも、「不《ふ》安《あん》をわくわくに変《か》える力《ちから》」を使《つか》っているのです。**不《ふ》安《あん》を「わくわく」に変《か》えると、脳《のう》の中《なか》でドーパミンが出《で》て、やる気《き》や記《き》憶《おく》力《りょく》をアップさせてくれます。**

もうひとつたいせつなことは、ドキドキやイヤな気《き》持《も》ちをだれかに話《はな》すことです。友《とも》だちや先《せん》生《せい》、家《いえ》の人《ひと》に聞《き》いてもらうだけで、気《き》持《も》ちがスッキリします。話《はな》せる人《ひと》がいないときは、自《じ》分《ぶん》で自《じ》分《ぶん》に「がんばれ!」と言《い》ったり、鏡《かがみ》の前《まえ》で「できるぞ!」と言《い》ってみたりするのも効《こう》果《か》的《てき》です。

これでハマる!!

不《ふ》安《あん》な気《き》持《も》ちを前《まえ》向《む》きな気《き》持《も》ちに変《か》えると、ドーパミンが出《で》てやる気《き》アップ!

コラム③

性格《せいかく》が勉強《べんきょう》に関係《かんけい》する！

自分《じぶん》の性格《せいかく》を知《し》る方法《ほうほう》はたくさんあります。ここでは、世界《せかい》でもっともよく使《つか》われている「ビッグファイブ理論《りろん》」という方法《ほうほう》を紹介《しょうかい》します。

この方法《ほうほう》では、友《とも》だちと遊《あそ》ぶのが好《す》きな人《ひと》（外向性《がいこうせい》）、心配《しんぱい》しやすい人《ひと》（神経症傾向《しんけいしょうけいこう》）、新《あたら》しいことが好《す》きな人《ひと》（開放性《かいほうせい》）、みんなと仲《なか》よしになれる人《ひと》（協調性《きょうちょうせい》）、約束《やくそく》を守《まも》る人《ひと》（誠実《せいじつ》さ）、というように、人間《にんげん》のよくある性格《せいかく》を５つにわけます。

このうち、とくに勉強《べんきょう》と関係《かんけい》が深《ふか》いのは、開放性《かいほうせい》と誠実《せいじつ》さです。新《あたら》しいことに挑戦《ちょうせん》したり、まじめな行動《こうどう》をしたりしたときに自分《じぶん》をほめるようにすると、より勉強《べんきょう》に興味《きょうみ》を持《も》つ行動《こうどう》がふえていくかもしれません。自分《じぶん》がどれにあてはまるか考《かんが》え、性格《せいかく》を知《し》って自分《じぶん》に向《む》いている勉強方法《べんきょうほうほう》を見《み》つけましょう。

1

友《とも》だちと遊《あそ》ぶのが好《す》き

2

心配《しんぱい》しやすい

3

新《あたら》しいことが好《す》き

4

みんなと仲《なか》よし

5

約束《やくそく》を守《まも》る

4章《しょう》

毎《まい》日《にち》勉《べん》強《きょう》ハマりスイッチ

勉強《べんきょう》も遊《あそ》びもバランスよく楽《たの》しもう！

勉強《べんきょう》ばかりじゃなく気分転換《きぶんてんかん》も重要《じゅうよう》だぞ！
ガサ
わっ
ネコと遊《あそ》んでもいいの？
友《とも》だちとサッカーしたいな
うん。勉強《べんきょう》も遊《あそ》びもバランスよくが大事《だいじ》だよ
その方《ほう》が勉強《べんきょう》の集中力《しゅうちゅうりょく》もアップするんだ
集中力《しゅうちゅうりょく》アップ…
ハッ
ネコちゃんをなでながら勉強《べんきょう》すればいいんだ！
ニャ〜
ぼくもこうしたらもっと集中《しゅうちゅう》できる！
ゴロゴロ
これからもがんばろう！
オー
まあ…がんばり方《かた》は人《ひと》それぞれだね

毎日《まいにち》　勉強《べんきょう》ハマりスイッチ 1

がんばったら、自分《じぶん》をほめよう

Point

努力《どりょく》をほめられると、いろいろなことを前向《まえむ》きにがんばれる。

ほめられると、「もっとがんばろう」と思《おも》いますよね。それは、脳《のう》がよろこんでやる気《き》に火《ひ》がつくからです。でも、ただほめられればいいわけではありません。

ある実験《じっけん》でパズルを解《と》いてもらい、ひとりには「頭《あたま》がいいね」、もうひとりには「がんばったね」と言《い》いました。同《おな》じ子《こ》たちにもう一度《いちど》パズルを解《と》いてもらうと、なんと「がんばったね」と努力《どりょく》をほめられた子《こ》のほうが、よりむずかしいパズルに挑戦《ちょうせん》したのです。頭《あたま》のよさをほめられた子《こ》は、まちがえることがこわくなってしまったからです。

家《いえ》の人《ひと》や友《とも》だちからほめられることはもちろんですが、自分《じぶん》で自分《じぶん》をほめても効果《こうか》があります。**ほめるときはもともと持《も》っている力《ちから》ではなく、がんばって勉強《べんきょう》したという努力《どりょく》をほめるようにしましょう。**

これでハマる！

実験《じっけん》ではさらに、努力《どりょく》をほめられた子《こ》のほうがあきらめにくいこともわかった。

毎日《まいにち》 勉強《べんきょう》ハマりスイッチ 2

バランスのいいごはんを食《た》べよう

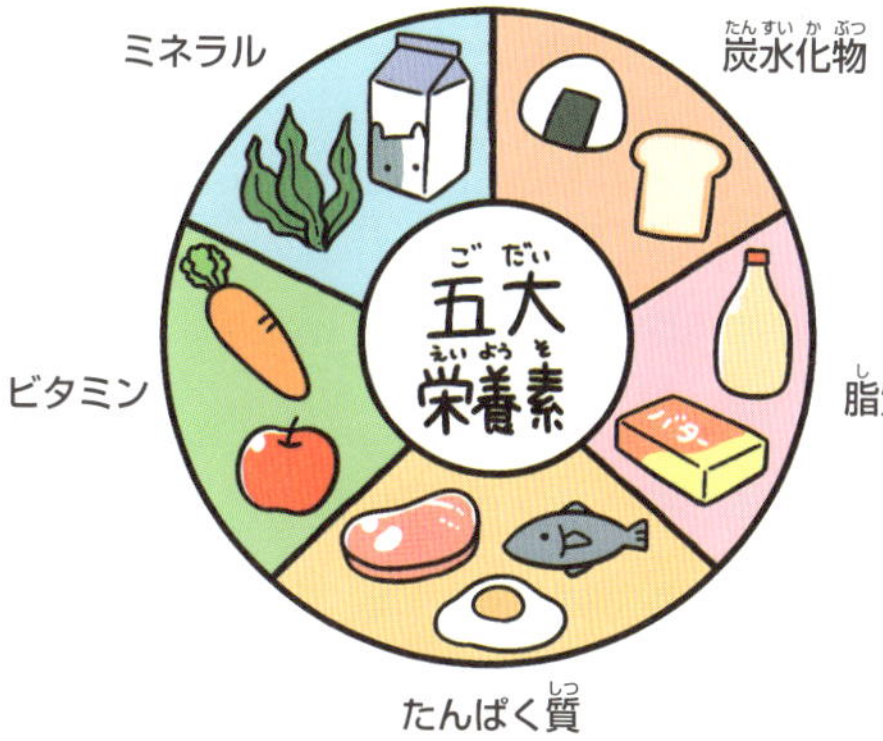

Point

5大栄養素《だいえいようそ》は、どれも健康《けんこう》な体《からだ》づくりに欠《か》かせない。

食《た》べものにふくまれる栄養《えいよう》パワーは、勉強《べんきょう》の強《つよ》い味方《みかた》です。**栄養《えいよう》は大《おお》きく5つにわけられ、協力《きょうりょく》して脳《のう》も体《からだ》もパワーアップさせます。これを「5大栄養素《だいえいようそ》」とよびます。**

5大栄養素《だいえいようそ》のうち、炭水化物《たんすいかぶつ》と脂質《ししつ》は脳《のう》や体《からだ》を動《うご》かす燃料《ねんりょう》で、たんぱく質《しつ》は体《からだ》をつくる材料《ざいりょう》です。ビタミンとミネラルは体《からだ》の調子《ちょうし》をととのえます。どれかが多《おお》くても少《すく》なくてもダメで、バランスよくとることが大事《だいじ》です。

また、ごはんを食《た》べる時間《じかん》もたいせつです。早《はや》めに夕食《ゆうしょく》を食《た》べておき、夕食《ゆうしょく》からつぎの日《ひ》の朝食《ちょうしょく》までの時間《じかん》を長《なが》くすると脳《のう》にいいといわれています。だからといって、朝食《ちょうしょく》を抜《ぬ》いてお昼《ひる》まで食《た》べないのは、脳《のう》にも体《からだ》にもよくありません。朝《あさ》、昼《ひる》、夜《よる》と3食《しょく》しっかり食《た》べましょう。

これでハマる!

とくに魚《さかな》やナッツ、オリーブオイルなどは脳《のう》にいいといわれている。

毎日《まいにち》 勉強《べんきょう》ハマりスイッチ 3

歯《は》みがきで脳《のう》をスッキリさせよう

Point

頭《あたま》をスッキリさせたいときは歯《は》みがき剤《ざい》を使《つか》わず、歯《は》ブラシと水《みず》だけでもOK《オーケー》！

あまり知《し》られていませんが、歯《は》みがきは勉強《べんきょう》のためにも重要《じゅうよう》です。歯《は》みがきをすると、脳《のう》がリフレッシュするのです。

こんな実験《じっけん》をしました。まず参加者《さんかしゃ》に問題《もんだい》を解《と》いてもらい、脳《のう》をつかれさせました。そのあと、半分《はんぶん》の人《ひと》に歯《は》みがきをしてもらい、残《のこ》りの人《ひと》にはしてもらいませんでした。そのときの脳《のう》を調《しら》べたところ、**なんと、歯《は》みがきをした人《ひと》のほうが脳《のう》のつかれがへったことがわかったのです。さらに、歯《は》みがきをした人《ひと》は集中力《しゅうちゅうりょく》も上《あ》がっていました。**

ごはんを食《た》べたあとだけでなく、ちょっとつかれたなと思《おも》ったときや、集中力《しゅうちゅうりょく》が切《き》れてしまったときにも、歯《は》みがきをしましょう。頭《あたま》も口《くち》もスッキリして、勉強《べんきょう》がみるみるはかどります。

これでハマる！

毎日《まいにち》の歯《は》みがきは、健康《けんこう》と集中力《しゅうちゅうりょく》アップにつながる！

毎日《まいにち》 勉強《べんきょう》ハマりスイッチ 4

朝《あさ》はめいっぱい太陽《たいよう》の光《ひかり》をあびよう

Point

セロトニンがつくられるのは日中《にっちゅう》で、基《き》本的《ほんてき》に夜《よる》はつくられない。

朝《あさ》なかなか起《お》きられず、「もう少《すこ》しねたい…」と、ついふとんにもぐりこんでしまうことがあるかもしれません。そんなときは、カーテンをあけて太《たい》陽《よう》の光《ひかり》をあびましょう。朝日《あさひ》をあびると、脳《のう》の中《なか》で「セロトニン」というホルモンがつくられます。**セロトニンは幸《しあわ》せホルモンともよばれていて、脳《のう》をめざめさせる力《ちから》があり、パチッと目《め》がさめるとともに心《こころ》も体《からだ》もシャキッとさせます。**晴《は》れた日《ひ》の朝《あさ》は太陽《たいよう》の光《ひかり》を感《かん》じながら散歩《さんぽ》をすると、幸《しあわ》せな気持《きも》ちで1日《にち》をはじめられるでしょう。

セロトニンには、さらにすごい効果《こうか》があります。勉強《べんきょう》や遊《あそ》びに集中《しゅうちゅう》できるようになったり、夜《よる》ぐっすりねむれるようになったりするのです。朝日《あさひ》をあびることは、1日《にち》を楽《たの》しくすごすために欠《か》かせない方法《ほうほう》のひとつです。

これでハマる!

やる気《き》にかかわる「ドーパミン」も幸《しあわ》せホルモンのひとつ。

毎日《まいにち》 勉強《べんきょう》ハマりスイッチ 5

ぐっすりねむって しっかり休《やす》もう

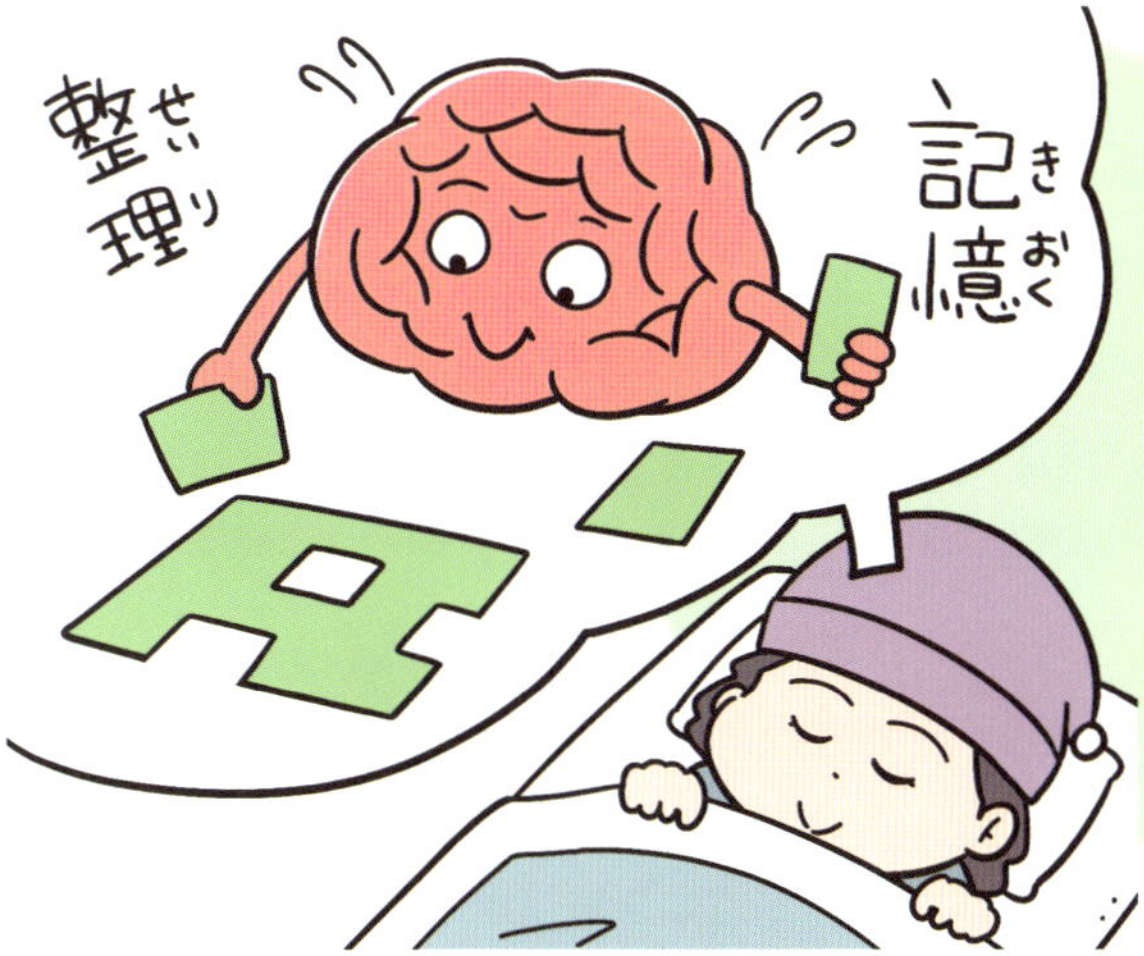

Point

脳《のう》は、ねている間《あいだ》に記憶《きおく》を整理《せいり》してくれる。

ねている間《あいだ》も、脳《のう》はその日《ひ》に学《まな》んだことをテキパキ整理《せいり》し、記憶《きおく》を強化《きょうか》しています。睡眠中《すいみんちゅう》に記《き》憶《おく》が身《み》につくことを「オフライン学習《がくしゅう》」といい、目《め》をつぶるだけでもオフライン学習《がくしゅう》は進《すす》みます。

脳《のう》を休《やす》ませるために、毎日《まいにち》しっかりねることがたいせつです。睡眠《すいみん》には、体《からだ》を休《やす》ませる「レム睡《すい》眠《みん》」と脳《のう》を休《やす》ませる「ノンレム睡眠《すいみん》」があります。90分《ぶん》ごとにくりかえされるので、脳《のう》と体《からだ》をしっかり休《やす》ませるように、9時間《じかん》くらいを目標《もくひょう》にねるようにしましょう。

あまりねむれなかった日《ひ》に、集中力《しゅうちゅうりょく》が下《さ》がってしまったら、太陽《たいよう》の光《ひかり》をあびたり軽《かる》い運動《うんどう》をしたりするのもおすすめです。それでも昼間《ひるま》ねむいときは、思《おも》いきって10~15分《ふん》の昼寝《ひるね》をしてみましょう。頭《あたま》がシャキッとしますよ。

これでハマる!

脳《のう》を休《やす》ませる「ノンレム睡眠《すいみん》」の間《あいだ》でも、脳《のう》の一部《いちぶ》ははたらきつづけている。

よくねむるだけで頭《あたま》も体《からだ》も元《けん》気《き》いっぱい!

ぐっすりねむることは、脳《のう》を休《やす》ませるために大事《だいじ》です。
頭《あたま》がスッキリして、勉強《べんきょう》がさらに楽《たの》しくなります。
睡眠《すいみん》を味方《みかた》につけて、脳《のう》をパワーアップさせましょう!

ぐっすりねむるためには…?

ごはんをしっかり食《た》べる

バランスのよい食事《しょくじ》を心《こころ》がけましょう。豆腐《とうふ》や牛乳《ぎゅうにゅう》、ヨーグルトなどにはよくねむるための栄養《えいよう》が入《はい》っています。

ほどよい運動《うんどう》をする

ムリせず、楽《たの》しく体《からだ》を動《うご》かすことがたいせつです。ぐっすりねむれて、朝起《あさお》きたときにスッキリした気分《きぶん》になれます。

朝日《あさひ》をあびる

朝《あさ》に太陽《たいよう》の光《ひかり》をあびると、夜《よる》になったときに、うとうと眠気《ねむけ》をさそうホルモンがつくられます。毎日同《まいにちおな》じくらいの時間《じかん》に朝日《あさひ》をあびると、1日《にち》のリズムができます。

ねだめはまったく意味《いみ》がない!?

寝不足《ねぶそく》になった分《ぶん》を取《と》りもどそうと、休日《きゅうじつ》にたくさんねても意味《いみ》がありません。
毎日《まいにち》しっかりねる習慣《しゅうかん》をつけましょう。
1日《にち》に必要《ひつよう》な睡眠時間《すいみんじかん》は、このように計算《けいさん》することができます。

① 1週間《しゅうかん》の睡眠時間《すいみんじかん》を足《た》してみよう。たとえば…

月《げつ》		火《か》		水《すい》		木《もく》		金《きん》		土《ど》		日《にち》		
10時間《じかん》	+	9.5時間《じかん》	+	7.5時間《じかん》	+	9時間《じかん》	+	7.5時間《じかん》	+	12時間《じかん》	+	11時間《じかん》	=	66.5時間《じかん》

② 7でわってみよう

66.5 ÷ 7 = 9.5時間《じかん》

これが1日《にち》に本当《ほんとう》に必要《ひつよう》な睡眠時間《すいみんじかん》！

あなたは朝型《あさがた》？ 夜型《よるがた》？

早寝早起《はやねはやお》きが得意《とくい》な「朝型《あさがた》」、夜《よる》おそくまで元気《げんき》で朝《あさ》はゆっくりな「夜型《よるがた》」。睡眠《すいみん》のリズムは人《ひと》によってそれぞれちがいます。朝型《あさがた》だと朝食後《ちょうしょくご》、夜型《よるがた》だと昼《ひる》から夕方《ゆうがた》にかけての時間《じかん》に集中力《しゅうちゅうりょく》が高《たか》まります。とはいえ、体《からだ》と脳《のう》がどんどん成長《せいちょう》するみなさんは、夜型《よるがた》の人《ひと》もできるだけ朝型《あさがた》をめざしましょう。

毎日《まいにち》 勉強《べんきょう》ハマりスイッチ 6

いっぱい人《ひと》としゃべろう

Point

相手《あいて》が聞《き》きとりやすいように、はっきりと声《こえ》を出《だ》すようにしよう。

ある実験《じっけん》で、おもしろいことがわかりました。それは、**口《くち》の健康《けんこう》と脳《のう》のはたらきには、関係《かんけい》があるということです。とくに、舌《した》や口《くち》をよく動《うご》かすことによって、脳《のう》のはたらきもよくなるようです。**

だから、教科書《きょうかしょ》を音読《おんどく》するときにはっきり大《おお》きな声《こえ》を出《だ》したり、ごはんを食《た》べるときによくかんで食《た》べたりするとよいでしょう。舌《した》をしっかり意《い》識《しき》して動《うご》かすと、頭《あたま》の体操《たいそう》になります。また、家《か》族《ぞく》や友《とも》だちとたくさんおしゃべりするのもおすすめです。相手《あいて》にわかりやすいように話《はな》すと、頭《あたま》を使《つか》うので話《はなし》をまとめる力《ちから》もつきます。人《ひと》と話《はな》すのは、脳《のう》にいいことなのです。

ふだんの生活《せいかつ》ではっきりと話《はな》すことや、よくかんで食《た》べることを心《こころ》がけ、脳《のう》のためにも口《くち》を健康《けんこう》にたもちましょう。

これでハマる！

楽《たの》しいおしゃべりで舌《した》や口《くち》をよく動《うご》かせば、脳《のう》も元気《げんき》になる！

毎日《まいにち》 勉強《べんきょう》ハマりスイッチ 7

なんでもいいから運動《うんどう》しよう

Point

かんたんな体《たい》操《そう》でも脳《のう》には効果的《こうかてき》で、その後《ご》の勉強《べんきょう》もはかどる。

運動《うんどう》をすることは、脳《のう》にとっても大事《だいじ》なことです。本格的《ほんかくてき》なスポーツでなくても、散歩《さんぽ》や軽《かる》い体操《たいそう》でも効果《こうか》があります。体育《たいいく》が苦手《にがて》な人《ひと》も、少《すこ》しずつでいいので体《からだ》を動《うご》かしましょう。

運動《うんどう》をすると、体《からだ》の中《なか》で脳《のう》を元気《げんき》にする物質《ぶっしつ》がたくさんつくられます。とくに、ジョギングなどの有酸素《ゆうさんそ》運動《うんどう》や筋《きん》トレは、脳《のう》のメモ帳《ちょう》であるワーキングメモリをきたえる効果《こうか》があるとわかっています。勉強《べんきょう》をはじめる前《まえ》に軽《かる》い運動《うんどう》をするだけで、集中力《しゅうちゅうりょく》が上《あ》がり、問題《もんだい》に取《と》り組《く》むスピードも高《たか》まるのです。

さらに、運動《うんどう》は記憶力《きおくりょく》もアップさせます。運動《うんどう》すると、脳《のう》の中《なか》の記憶《きおく》にかかわる「海馬《かいば》」という部分《ぶぶん》が大《おお》きくなり、よくおぼえられるようになるからです。

これでハマる!

早歩《はやある》きとゆっくり歩《ある》きを交互《こうご》にくりかえすのもおすすめ！

毎日《まいにち》 勉強《べんきょう》ハマりスイッチ 8

「わくわくドキドキ」を見《み》つけよう

Point

わくわくやドキドキで脳《のう》が興奮《こうふん》すると、ドーパミンが出《で》る。

楽《たの》しいことに「わくわく」するとき、興奮《こうふん》して「ドキドキ」を感《かん》じるとき、脳《のう》の中《なか》でドーパミンという物質《ぶっしつ》が出《で》てやる気《き》が生《う》まれます。「やった!」とうれしい気持《きも》ちになるので、さらにがんばろうと思《おも》えるのです。

ドーパミンを出《だ》すコツは、小《ちい》さな達成感《たっせいかん》を見《み》つけることです。できなかった問題《もんだい》が少《すこ》しずつわかり、正解《せいかい》できるようになったとき、うれしくて「わくわくドキドキ」しますよね。この感覚《かんかく》が大事《だいじ》です。最初《さいしょ》から全問正解《ぜんもんせいかい》を目標《もくひょう》にするのではなく、「前回《ぜんかい》できなかった問題《もんだい》が解《と》けた」「昨日《きのう》より速《はや》く問題《もんだい》が解《と》けた」など、小《ちい》さくてもできたことを見《み》つけていきましょう。脳《のう》がドーパミンを出《だ》してもっと勉強《べんきょう》したくなり、記憶力《きおくりょく》アップにもつながります。

これでハマる!

わくわくやドキドキを見《み》つけたときに自分《じぶん》をほめるようにしよう!

毎日《まいにち》 勉強《べんきょう》ハマりスイッチ 9

ごほうびを3つ決《き》めよう

Point
脳《のう》がなれてしまわないように、複数《ふくすう》のごほうびを決《き》めておこう。

勉強《べんきょう》をがんばるために、自分《じぶん》へのごほうびを決《き》めるのもいい方法《ほうほう》です。うれしいごほうびがあるだけで、ドーパミンがたくさん出《で》て、やる気《き》が出《で》ます。

ごほうびは1つではなく、「1時間《じかん》勉強《べんきょう》したらアイスを食《た》べる」「ゲームをする」「遊《あそ》びに行《い》く」など3つ決《き》めておきましょう。**1つだけだと脳《のう》が同《おな》じごほうびになれてしまうので、いろいろなごほうびを用意《ようい》して、脳《のう》のやる気《き》をつづけさせるというわけです。**どんなごほうびにするか考《かんが》えるだけでも、やる気《き》につながるドーパミンが出《で》ます。

こんなふうにごほうびを決《き》めておくと、ねている間《あいだ》にも脳《のう》はごほうびを求《もと》めるようになります。そうすると、やる気《き》がずっとつづくのです。

＼これでハマる！／
物《もの》にかぎらず、達成感《たっせいかん》を得《え》ることや人《ひと》からほめられることもごほうびになる。

毎日《まいにち》 勉強《べんきょう》ハマりスイッチ 10

居心地《いごこち》のいい場所《ばしょ》を見《み》つけよう

Point
まわりの音《おと》や動《うご》きなどが気《き》にならない環《かん》境《きょう》のほうが、集中《しゅうちゅう》できる。

集中《しゅうちゅう》して勉強《べんきょう》するためには、居心地《いごこち》のいい場所《ばしょ》が欠《か》かせません。居心地《いごこち》のいい場所《ばしょ》とは、そこにいるとおちつき、自分《じぶん》の居場所《いばしょ》だと思《おも》えるところのことです。部屋《へや》のすみっこやロフトベッドの上《うえ》、玄関《げんかん》、ベランダなど、自分《じぶん》がおちつく場所《ばしょ》ならどこでもOK《オーケー》です。お気《き》に入《い》りの場所《ばしょ》をいくつか見《み》つけておいて、日《ひ》によってかえてみてもいいですね。

居心地《いごこち》のいい場所《ばしょ》で勉強《べんきょう》すると、おちついていやされた気持《きも》ちになります。このおちついた気持《きも》ちがたいせつです。勉強《べんきょう》とおちついた気持《きも》ちがむすびつき、脳《のう》が安心《あんしん》して勉強《べんきょう》に集中《しゅうちゅう》できるようになるのです。まわりが気《き》になっておちつかない場《ば》所《しょ》では、なかなか集中《しゅうちゅう》できません。おだやかになれる場所《ばしょ》をさがしてみましょう。

これでハマる！
お気《き》に入《い》りの場所《ばしょ》なら、勉強《べんきょう》が「好《す》き」ともむすびつく！

毎日《まいにち》　勉強《べんきょう》ハマりスイッチ 11

「わくわくドキドキ」と「ほっ」をくりかえそう

Point

「楽《たの》しい」「おちつく」の両方《りょうほう》の気持《きも》ちを持《も》てたら、脳《のう》は無《む》敵《てき》モード。

勉強《べんきょう》がしたくてたまらない気持《きも》ち、つまり勉強《べんきょう》に「ハマる」ことができたら最強《さいきょう》です。そのためには、「わくわくドキドキ」と「ほっ」という2つの気持《きも》ちをくりかえしましょう。

ゲームを思《おも》いうかべてください。クリアしたときの興奮《こうふん》と、クリアした喜《よろこ》びを感《かん》じながらひと休《やす》みしているときの感覚《かんかく》を交互《こうご》に感《かん》じることで、ゲームに「ハマる」わけです。この感覚《かんかく》は、勉強《べんきょう》も同《おな》じです。**「勉強《べんきょう》が楽《たの》しい」という気持《きも》ちと、「ほっとしておちつく」という気持《きも》ちの両方《りょうほう》があれば、もう勉強《べんきょう》にハマっているということです。**

これは、実際《じっさい》にやらなくても想像《そうぞう》するだけで効《こう》果《か》があります。むずかしい問題《もんだい》にぶつかったら、解《と》けたときの達成感《たっせいかん》を想像《そうぞう》してみてください。「わくわくドキドキ」したあとの「ほっ」を積《つ》み重《かさ》ねましょう。

これでハマる!

わくわくと安心《あんしん》の二刀流《にとうりゅう》で、脳《のう》を勉強《べんきょう》にハマらせよう!

毎日《まいにち》　勉強《べんきょう》ハマりスイッチ 12

新《あたら》しいやり方《かた》を考《かんが》えよう

Point
晴《は》れた日《ひ》に外《そと》で勉強《べんきょう》するのも、気分《きぶん》を変《か》えるのにおすすめ。

新《あたら》しいことをおぼえるとき、最初《さいしょ》はわくわくしても、脳《のう》はすぐあきてしまうものです。だから、たまにちがう方法《ほうほう》を考《かんが》えるようにしましょう。たとえば、机《つくえ》で算数《さんすう》の勉強《べんきょう》をしたら、外《そと》で理科《りか》の勉強《べんきょう》をして、そのあとはグループで勉強《べんきょう》をするなど、いろいろな方法《ほうほう》をためしてみます。**そうすると、脳《のう》が「新《あたら》しいぞ！」と感《かん》じて興味《きょうみ》を持《も》ってくれます。**

とっておきの方法《ほうほう》は、勉強《べんきょう》が終《お》わったらおやつを食《た》べるなど、定期的《ていきてき》にイベントを計画《けいかく》することです。脳《のう》の中《なか》で、ごほうびをもらったときに出《で》るドーパミンと、ストレスをやわらげるエンドルフィンという物質《ぶっしつ》が出《で》てきます。すると、わくわくした気持《きも》ちとリラックスした気持《きも》ちになれて勉強《べんきょう》にハマることができるのです。

これでハマる！
いつでも「新《あたら》しさ」を求《もと》めて、脳《のう》の好奇心《こうきしん》を刺激《しげき》しつづけよう！

毎日《まいにち》 勉強《べんきょう》ハマりスイッチ 13

たいせつにしたい日常《にちじょう》を3つ書《か》き出《だ》そう

Point
家族《かぞく》や友《とも》だちとすごす時間《じかん》は、かけがえのないたいせつな時間《じかん》だ。

「テストでいい点《てん》をとらないと意味《いみ》がない」「勉《べん》強《きょう》以外《いがい》は時間《じかん》のムダ」と思《おも》ったことがあるなら、それは危険《きけん》です。

勉強《べんきょう》はたいせつですが、人生《じんせい》のすべてではありません。毎日《まいにち》のくらしを楽《たの》しむこともわすれないでください。友《とも》だちといっしょにスポーツをしたり、家族《かぞく》とピクニックに行《い》ったり、新《あたら》しいことに挑戦《ちょうせん》したりすることに幸《しあわ》せを感《かん》じられないと、どんなにがんばっても心《こころ》がつかれてしまいます。

勉強《べんきょう》のことを考《かんが》えると心《こころ》が苦《くる》しくなるようなときは、ノートに「たいせつにしたい日常《にちじょう》」を3つ書《か》きましょう。「仲《なか》よしの友《とも》だちと遊《あそ》ぶ」「ペットの世話《せわ》をする」など、ふだんの生活《せいかつ》のたいせつさや幸《しあわ》せを思《おも》い出《だ》します。たいせつな日常《にちじょう》があるからこそ、勉強《べんきょう》することに意味《いみ》が生《う》まれるのです。

これでハマる!

勉強《べんきょう》ばかりしていても、日常《にちじょう》の幸《しあわ》せを感《かん》じられないと意味《いみ》がない!

毎日《まいにち》 勉強《べんきょう》ハマりスイッチ 14

あこがれの人《ひと》をマネしよう

Point
大好《だいす》きなアイドルの歌《うた》い方《かた》やポーズをマネしてみよう。

成績《せいせき》がいい人《ひと》やスポーツが得意《とくい》な人《ひと》を見《み》て、「○○さんみたいになりたい」と思《おも》ったことがあるかもしれません。そう思《おも》ったら、その人《ひと》のマネをしてみましょう。

脳《のう》には、相手《あいて》の行動《こうどう》や考《かんが》えを理解《りかい》するための「ミラーニューロン」という物質《ぶっしつ》があります。**あこがれの人《ひと》をマネすると、このミラーニューロンがはたらき、脳《のう》がその人《ひと》に近《ちか》づいていくと言《い》われています。マネするだけで、その人《ひと》みたいになることができるのです。**

まずはその人《ひと》のいいところを3つ見《み》つけ、それを1週間《しゅうかん》マネしてみるのがおすすめです。成績《せいせき》がいい人《ひと》にあこがれているのなら、その人《ひと》のノートのとり方《かた》や勉強法《べんきょうほう》を観察《かんさつ》し、自分《じぶん》の勉強《べんきょう》にとり入《い》れてみてください。考《かんが》え方《かた》や行動《こうどう》を知《し》ることができ、いつか本人《ほんにん》を超《こ》える日《ひ》がくるかもしれません。

これでハマる!!
鏡《かがみ》（ミラー）のようなはたらきをするので、ミラーニューロンと言《い》う。

保護者の方へ

保護者のみなさんにお伝えしたいことがあります。

それは、110ページで紹介した「がんばったら、自分をほめよう」の元になる有名な実験です。

スタンフォード大学の心理学者キャロル・ドゥエックらは、小学5年生400人あまりを対象におもしろい実験をしています。まず彼女らは、子どもたちに簡単な図形パズル問題(じつはIQテスト)をあたえました。そしてテスト終了後、子どもたちに点数を伝えてほめました。成績内容にかかわらず、一人一人の子どもをほめるわけです。

半分の子どもには、「わ、90点だ。あなたは頭がいいんだね」と、その子の賢さや素質をほめます。一方、残りの半分の子どもには、「すごい、90点だ。一生懸命やったね」などと努力や行動をほめます。この二群は成績が均等になるようにランダムに選定しておきます。

それから、子どもたちに2種類のパズルをあたえ、どちらでも好きなほうをやりなさいと伝えます。一方は最初のパズルより難しいけれど、やればとても勉強になるパズル、もう一方は最初のものと同じように簡単なパズルです。

結果、賢さをほめられた子どものうち4分の3ほどが、簡単なほうを選びました。その一方で、努力をほめられた子どもの9割近くが難しいパズルにチャレンジしました。ドゥエックによれば、努力をほめられた子どもたちは、さらに努力をみとめられようと難問にチャレンジするのに対して、賢さをほめられた子どもたちは、「賢い」という評価を守るために、まちがえることを恐れるようになるというのです。

その後、子どもたちに、中学3年生レベルのきわめて難しいパズルをあたえ、その様子を観察します。失敗体験をさせ、その後の行動を見るわけです。すると、賢さをほめられた子どもたちは、比較的早くあきらめたのですが、努力をほめられた子どもたちは、なかなかあきらめず、この難問に熱心に取り組んだのです。

さらに、パズルを解いた後、子どもたちに、ほかの人の解答用紙を見る機会をあたえます。このとき、自分より成績がよかった人の解答を見るか、自分より悪かった人の解答を見るかを、自由に選ばせます。結果、努力をほめられた子どもたちは、自分よりよい成績の解答を見ようとする傾向が強く、逆に、賢さをほめられた子どもたちは、ほぼ全員、自分よりテストの出来が悪かった子どもの解答を見ようとしました。賢さをほめられた子どもたちは、自分より出来の悪い者を見つけ、自尊心を守ろうとしてしまうのです。

　ほめて、子どもの自尊心を育てることはとても大切なことですし、「自分はできるんだ」という自己効力感を育てることはこの上なく大事です。しかし、子どもの賢さ（もともとの素質）をほめつづけることは、自分より下の子を見つけては自分の賢さを確認するという、しょうもないモチベーションをつくってしまいがちなのです。

　ドゥエックらは最後に、最初の図形パズルと同じくらいの難易度のパズルを子どもたちに実施しました。結果、努力をほめられた子どもたちは、図形パズル問題の成績が30％程度のびたのに対して、賢さをほめられたグループは20％程度成績の低下が起こりました。その後の再現実験では、これほどの差は認められていませんが、それでも努力や行動をほめたほうが子どもはのびやすいようです。

また、ほめられただけで、勉強していないとき（休憩中や睡眠中）の学習（オフライン学習といいます）が促進されることが報告されています。
ですから、お子さんの努力につながるような行動をさがし、ほめるようにしてください。

篠原菊紀

参考文献

●『簡単・楽しい・若返る！　何歳からでも間に合う脳を鍛える方法』
篠原菊紀 監修（徳間書店）

●『集中力、記憶力、メンタルが強くなる！　脳の鍛え方見るだけノート』
篠原菊紀 監修（宝島社）

●『マンガでよくわかる　子どもが勉強好きになる子育て』
篠原菊紀 著／松浦はこ 漫画（フォレスト出版）

●『子どもが勉強好きになる子育て』
篠原菊紀 著（フォレスト出版）

●『頭がいい子を育てる 8つのあそびと5つの習慣』
篠原菊紀 著（ディスカヴァー・トゥエンティワン）

●『子供が勉強にハマる脳の作り方』
篠原菊紀 著（フォレスト出版）

●『勉強にハマる脳の作り方』
篠原菊紀 著（フォレスト出版）

著者

篠原菊紀　しのはら きくのり

長野県茅野市出身。東京大学卒業、東京大学大学院教育学研究科を修了。公立諏訪東京理科大学工学部情報応用工学科教授。人システム研究所長。茅野市縄文ふるさと大使。専門は応用健康科学、脳科学。「遊んでいるとき」「運動しているとき」「学習しているとき」など日常的な場面での脳活動を研究。テレビ、ラジオでの脳活動に関する実験、わかりやすい解説に定評がある。
「はげひげ(菊仙人)」の脳的メモ　https://kikusennin.seesaa.net/

〈著書〉
『何歳からでも間に合う　脳を鍛える方法』(徳間書店)
『脳の鍛え方見るだけノート』(宝島社)
『マンガでわかる 脳と心の科学』(池田書店)
『「すぐにやる脳」に変わる37の習慣』(KADOKAWA)
『子どもが勉強好きになる子育て』(フォレスト出版)
『頭がいい子を育てる 8つのあそびと5つの習慣』(ディスカヴァー・トゥエンティワン)
など多数

ハマりスイッチで　勉強が好きになる

著　者　篠原菊紀
発行者　清水美成
発行所　**株式会社 高橋書店**
〒170-6014 東京都豊島区東池袋3-1-1 サンシャイン60 14階
電話　03-5957-7103

ISBN978-4-471-10474-0

本書の内容についてのご質問は「書名、質問事項(ページ、内容)、お客様のご連絡先」を明記のうえ、郵送、FAX、ホームページお問い合わせフォームから小社へお送りください。

回答にはお時間をいただく場合がございます。また、電話によるお問い合わせ、本書の内容を超えたご質問にはお答えできませんので、ご了承ください。

本書に関する正誤等の情報は、小社ホームページもご参照ください。

【内容についての問い合わせ先】
書　面　〒170-6014 東京都豊島区東池袋3-1-1 サンシャイン60 14階
高橋書店編集部
F A X　03-5957-7079
メール　小社ホームページお問い合わせフォームから　(https://www.takahashishoten.co.jp/)

【不良品についての問い合わせ先】

ページの順序間違い・抜けなど物理的欠陥がございましたら、電話03-5957-7076へお問い合わせください。ただし、古書店等で購入・入手された商品の交換には一切応じられません。